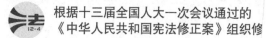根据十三届全国人大一次会议通过的
《中华人民共和国宪法修正案》组织修

宪法知识

学习读本

◎ 本书编写组

中共党史出版社

图书在版编目（CIP）数据

宪法知识学习读本／《宪法知识学习读本》编写组编 .
—北京：中共党史出版社，2004.3（2019.8 重印）
ISBN　978-7-80199-000-6

Ⅰ．①宪…　Ⅱ．①宪…　Ⅲ．①中华人民共和国宪法—学习参考资料
Ⅳ．① D921.04

中国版本图书馆 CIP 数据核字（2004）第 016923 号

责任编辑：冯世平
出版发行：**中共党史出版社**
社　　址：北京市海淀区芙蓉里南街 6 号院 1 号楼
邮　　编：100080
网　　址：www.dscbs.com.cn
经　　销：新华书店
印　　刷：北京雁林吉兆印刷有限公司
开　　本：880mm×1230mm　　1/32
字　　数：200 千字
印　　张：8
版　　次：2004 年 3 月第 1 版
印　　次：2019 年 9 月第 6 次印刷
　　ISBN　978-7-80199-000-6
定　　价：32.00 元

此书如有印制质量问题，请与中共党史出版社营销部联系
电话：010-82517190

宪法宣誓誓词

我宣誓：忠于中华人民共和国宪法，维护宪法权威，履行法定职责，忠于祖国、忠于人民，恪尽职守、廉洁奉公，接受人民监督，为建设富强民主文明和谐美丽的社会主义现代化强国努力奋斗！

目 录
CONTENTS

习近平在中共中央政治局第四次集体学习时强调

更加注重发挥宪法重要作用

把实施宪法提高到新的水平 ·························· 1

一、宪法基本理论

（一）宪法的概念与特征 ·························· 5

  1.“宪法”词义的演变 ·························· 5

  2.宪法的概念与特征 ·························· 7

  3.宪法的功能 ·························· 10

（二）宪法的分类 ·························· 11

  1.形式分类 ·························· 12

  2.实质分类 ·························· 15

（三）宪法的基本原则 ·· 17

　　1. 人民主权原则 ·· 17

　　2. 基本人权原则 ·· 19

　　3. 权力制约原则 ·· 20

　　4. 法治原则 ·· 22

（四）宪法的创制 ·· 24

　　1. 宪法的制定 ·· 25

　　2. 宪法的修改 ·· 28

　　3. 宪法解释 ·· 32

　　4. 宪法惯例 ·· 35

　　5. 宪法判例 ·· 36

（五）宪法渊源、宪法典结构与宪法规范 ·················· 38

　　1. 宪法渊源 ·· 38

　　2. 宪法典结构 ·· 39

　　3. 宪法规范 ·· 40

（六）宪法实施与监督 ·· 44

　　1. 宪法实施 ·· 44

　　2. 宪法监督制度 ·· 48

二、宪法基本制度

（七）国家性质 ……………………………………… 61

　　1. 国家性质概述 ………………………………… 61

　　2. 国家的基本经济制度 ………………………… 63

　　3. 国家的基本文化制度 ………………………… 66

（八）国家形式 ……………………………………… 67

　　1. 政权组织形式 ………………………………… 67

　　2. 国家结构形式 ………………………………… 69

（九）公民的基本权利与义务 ……………………… 71

　　1. 公民基本权利与义务概述 …………………… 71

　　2. 公民基本权利与义务的内容 ………………… 77

（十）国家机构 ……………………………………… 84

　　1. 代议机关 ……………………………………… 84

　　2. 国家元首 ……………………………………… 87

　　3. 行政机关 ……………………………………… 88

　　4. 司法机关 ……………………………………… 91

（十一）选举制度 ······························· 94

1. 选举制度概述 ····························· 94
2. 选举制度的主要内容 ··················· 101

（十二）政党制度 ······························ 106

1. 政党与政党制度概述 ················· 106
2. 宪法与政党制度 ······················· 112

三、我国宪法概述

（十三）中国的宪法历史发展 ················ 115

（十四）我国的国家性质 ····················· 121

1. 我国是人民民主专政的社会主义国家 ······· 121
2. 我国的基本经济制度 ················· 123
3. 我国的基本文化制度 ················· 125

（十五）我国的国家形式 ····················· 126

1. 人民代表大会制度 ··················· 127
2. 基层群众性自治制度 ················· 131
3. 我国的国家结构形式 ················· 132

（十六）我国公民的基本权利和义务 ·················· 133

　1. 我国公民的基本权利 ·················· 135

　2. 我国公民的基本义务 ·················· 136

　3. 我国公民基本权利和义务的特点 ·············· 136

　4. 我国公民基本权利和自由的保障 ··············· 137

（十七）我国国家机构简介 ·················· 138

　1. 全国人民代表大会及其常务委员会 ·············· 139

　2. 中华人民共和国主席 ·················· 141

　3. 国务院 ·················· 142

　4. 中央军事委员会 ·················· 144

　5. 地方各级人民代表大会和地方各级人民政府 ········ 144

　6. 监察委员会 ·················· 148

　7. 人民法院和人民检察院 ·················· 149

（十八）我国选举制度简介 ·················· 153

　1. 选举制度的基本原则 ·················· 153

　2. 选举程序 ·················· 156

　3. 罢免制度 ·················· 161

（十九）中国共产党领导的多党合作制度和

　　　政治协商制度 ·················· 163

　1. 中国共产党领导的多党合作制度 ·············· 164

2. 中国人民政治协商制度 ·················· 168

（二十）我国的宪法监督体制 ·················· 171

附录 1　中华人民共和国宪法 ·················· 176

附录 2　中共中央关于全面推进依法治国
　　　　若干重大问题的决定 ·················· 212

附录 3　宪法小常识 ·················· 241

更加注重发挥宪法重要作用
把实施宪法提高到新的水平

新华社北京 2 月 25 日电 中共中央政治局 2 月 24 日下午就我国宪法和推进全面依法治国举行第四次集体学习。中共中央总书记习近平在主持学习时强调，决胜全面建成小康社会、开启全面建设社会主义现代化国家新征程、实现中华民族伟大复兴的中国梦，推进国家治理体系和治理能力现代化、提高党长期执政能力，必须更加注重发挥宪法的重要作用。要坚持党的领导、人民当家作主、依法治国有机统一，加强宪法实施和监督，把国家各项事业和各项工作全面纳入依法治国、依宪治国的轨道，把实施宪法提高到新的水平。

中国社会科学院学部委员、研究员李林同志就这个问题作了讲解，并谈了意见和建议。

习近平在主持学习时发表了讲话。他强调，中国共产党登上中国历史舞台后，在推进中国革命、建设、改革的实践中，高度重视宪法和法制建设。从建立革命根据地开始，我们党就进行了制定和实施人民宪法的探索和实践。新中国成立后，在我们党领导下，1954 年 9 月召开的第一届全国人民代表大会第一次会议通过了《中华人民共和国宪法》，为巩固社会主义政权和进行社会主义建设发挥了重要保障和推动作用，也为改革开放新时期我国现行宪法的制定和完善奠定了基础。

习近平指出，党的十一届三中全会开启了改革开放历史新时期，发展社会主义民主、健全社会主义法制成为党和国家坚定不移的方针。我国现行宪法即 1982 年宪法就是在这个历史背景下产生的。这部宪法深刻总结了我国社会主义建设正反两方面经验，适应我国改革开放和社会主义现代化建设、加强社会主义民主法制建设的新要求，确立了党的十一届三中全会之后的路线方针政策，把集中力量进行社会主义现代化建设规定为国家的根本任务，就社会主义民主法制建设作出一系列规定，为改革开放和社会主义现代化建设提供了有力法制保障。我国宪法是治国理政的总章程，必须体现党和人民事业的历史进步，必须随着党领导人民建设中国特色社会主义实践的发展而不断完善发展。

习近平强调，回顾我们党领导的宪法建设史，可以得出这样几点结论。一是制定和实施宪法，推进依法治国，建设法治国家，是实现国家富强、民族振兴、社会进步、人民幸福的必然要求。二是我国现行宪法是在深刻总结我国社会主义革命、建设、改革的成功经验基础上制定和不断完善的，是我们党领导人民长期奋斗历史逻辑、理论逻辑、实践逻辑的必然结果。三是只有中国共产党才能坚持立党为公、执政为民，充分发扬民主，领导人民制定出体现人民意志的宪法，领导人民实施宪法。四是我们党高度重视发挥宪法在治国理政中的重要作用，坚定维护宪法尊严和权威，推动宪法完善和发展，这是我国宪法保持生机活力的根本原因所在。宪法作为上层建筑，一定要适应经济基础的变化而变化。

习近平指出，我国宪法实现了党的主张和人民意志的高度统一，具有显著优势、坚实基础、强大生命力。宪法是国家根本法，是国家各种制度和法律法规的总依据。我们坚定中国特色社会主义道路自信、理论自信、制度自信、文化自信，要对我国宪法确立的国家指导思想、发展道路、奋斗目标充满自信，对我国宪法确认的中国共产党领导和我国社会主义制度充满自信，对我国宪法确认的我们党领导人民创造的社会主义先进文化和中华优秀传统文化充满自信。

习近平强调，宪法具有最高的法律地位、法律权威、法律效力。我们党首先要带头尊崇和执行宪法，把领导人民制定和实施宪法法律同党坚持在宪法法律范围内活动统一起来。任何组织或者个人都不得有超越宪法法律的特权。一切违反宪法法律的行为，都必须予以追究。要加快形成完备的法律规范体系、高效的法治实施体系、严密的法治监督体系、有力的法治保障体系，形成完善的党内法规体系，用科学有效、系统完备的制度体系保证宪法实施。要完善宪法监督制度，积极稳妥推进合宪性审查工作，加强备案审查制度和能力建设。

习近平指出，要加强宪法学习宣传教育，弘扬宪法精神、普及宪法知识，为加强宪法实施和监督营造良好氛围。宪法法律的权威源自人民的内心拥护和真诚信仰，加强宪法学习宣传教育是实施宪法的重要基础。要在全社会广泛开展尊崇宪法、学习宪法、遵守宪法、维护宪法、运用宪法的宣传教育，弘扬宪法精神，弘扬社会主义法治意识，增强广大干部群众的宪法意识，使全体人民成为宪法的忠实崇尚者、自觉遵守者、坚定捍卫者。要坚持从青少年抓起，把宪法法律教育纳入国民教育体系，引导青少年从小掌握宪法法律知识、树立宪法法律意识、养成遵法守法习惯。要完善国家工作人员学习宪法法律的制度，推动领导干部加强宪法学习，增强宪法意识，带头尊崇宪法、学习宪法、遵守宪法、维护宪法、运用宪法，做尊法学法守法用法的模范。

《人民日报》（2018 年 2 月 26 日 1 版）

一、宪法基本理论

（一）宪法的概念与特征

1."宪法"词义的演变

宪法一词古已有之，但其含义与近代宪法产生之后所指称的具有较大的差别。在外语文献中，英语表达宪法的词为"Constitution"，法语为"laConstitution"，德语为"Verfassung"。这些词语都来自于拉丁文"Constituto"，最初的词义是规定、组织和结构。古希腊著名政治学家亚里士多德在《政治学》中最早使用宪法一词，并在汇集 158 个城邦国家法律的基础之上，根据法律的作用和性质，分成两类：一类为普通法律；另一类为宪法即规定国家机关的组织与权限的法律。他还主张，普通法律应以宪法为依据。在古罗马帝国的立法中，宪法一词用来表示皇帝的各种建制和诏令，即指皇帝发布的各种文件，包括敕令、策令、诏令和谕令等，以区别于市民会议通过的法律文件。

在中世纪的欧洲，宪法一词通常被用来特指封建主所享有的特权，也出现了一些名称为"宪法"的法律，但是，这种宪法的含义与近代宪法产生以后所公认的宪法概念的含义相差甚远，如12世纪中叶就有英王亨利二世规定国王与教士关系的《克拉朗顿宪法》。在14世纪的法国，宪法作为与王法相对应的法律，专门指不得由国王随意废止的法律。近代意义上对宪法概念的使用，其最根本的特征是强调宪法必须是限制国家权力、保证公民权利的基本法律。凡是不符合上述特性的法律都不能称之为宪法，可见人们对于宪法制定的正当性与宪法功能的合理性的关注。这一点恰如美国革命家托马斯·潘恩在《人权论》中所指出的："宪法是一种先于政府的东西，而政府只是宪法的产物。一国宪法不是政府的决议，而是建立其政府的人民的决议。"

在中国古籍中，"宪法"一词很早就出现了。如《国语·晋语》中就有"赏善罚奸，国之宪法也"的论述，这里的宪法并不具有近代意义上宪法的内涵，而是代表一般的法律，尤其是刑律。将近代意义上的宪法的含义引进汉语作为对"宪法"一词含义的新释，始于近代日本社会对西方宪法观念的介绍和引进的影响。19世纪60年代，日本明治维新时期，开始介绍西方"Constitution"的概念，但是，当时的译法很不统一，或称之为"国宪"，或称之为"建国法""根本律法"和"政治法则"等。1882年，伊藤博文出使欧洲各国调查各国实行立宪政治情况后，第一次正式使用了"宪法"一词。1889年颁布了《大日本帝国宪法》，自此"宪法"一词在日语中专指国家根本法。19世纪80年代，中国近代改良主义思想家郑观应提出立宪与议院政治的主张，他在《盛世危言》一书中，首次使用"宪法"一词。1908年，清政府为了敷衍民意，不得不颁布《钦定宪法大纲》。从此，"宪法"一词在汉语中被用来作为专门的法律名词术语。

2. 宪法的概念与特征

中外对于宪法概念的具体表述是不相同的，概括起来主要分为三类：

（1）从宪法所规定的内容角度界定宪法

这类宪法概念的特点在于，立足宪法典或宪法性法律中一个或者几个方面的内容，提出对于宪法的认识，或者说以宪法调整的内容为根据确定宪法的内涵和外延。比如著名的法国《人权宣言》第十六条规定："凡权利无保障和分权未确立的社会，就没有宪法。"德国《梅耶百科辞典》认为："从社会学角度和宪法理论的意义上来说，一个国家的宪法是对其政治权力的划分。"美国学者安德逊和温德认为："从这个词的最广义和最正确的意义上说，宪法是全部有关政权的规则的总汇；这些规则规定着国家机关活动的程序，规定着这些机关的职权，规定着个人对于国家机关的基本权利和义务。"

（2）从宪法的法律特征角度界定宪法

这类宪法定义的特点在于，立足宪法典或者宪法性法律与其他法律不同的法律形式特征，提出对于宪法的认识。如《美国百科全书》认为："宪法是治理国家的根本法和基本原则的总体。"《不列颠百科全书》认为："从最广义来说，宪法是一批规则，用以管理一个有组织的团体事务。"日本学者美浓部达吉认为，所谓宪法是指调整国家组织和作用的基础法。韩国学者认为，宪法概念是规定国家统治体制与国民基本权利保障的国家的基本法。在社会主义国家所谓"宪法是国家的根本大法，是治国安邦的总章程"的观点，也可归入这一大类。

（3）从宪法的阶级本质角度界定宪法

这类宪法定义的特点在于，立足于宪法典或者宪法性法律所反映的阶级意志，以及这种意志赖以存在的社会物质条件，提出对于宪法的认识。这也是社会主义国家宪法学者分析宪法的基本立场。如苏联学者科托夫认为，宪法是一个国家的根本法，它表现和巩固统治阶级专政，表现和巩固有利于统治阶级的社会制度和国家制度的基础。中国学者认为："宪法是统治阶级的重要工具，是国家根本法，具有一般法的本质特征，同时又具有不同于普通法律的实质上的特点和形式上的特点。""宪法是国家的根本大法，是民主制度的法律化，是阶级力量对比的表现。"

上述三种宪法定义，由于第三类定义立足于宪法阶级本质的分析，抓住了宪法最核心的环节，所以较前二者更加科学些。从以上分析来看，对于宪法的概念可以表述为：宪法是反映各种政治力量实际对比关系，确认革命胜利成果和现实的民主政治，规定国家根本制度和根本任务，具有最高法律效力的国家根本法。

毛泽东同志说："一个团体要有一个章程，一个国家也要有一个章程，宪法就是一个总章程，是根本大法。"任何一个国家都有法律，都有宪法。宪法与其他法律一样，都是一个国家法律体系中不可或缺的组成部分，都具有法的一般特征，由国家制定或认可，具有国家意志性并由国家强制力保证实施。但是作为国家的根本法，它又具有以下法律特征：

第一，宪法的内容与其他法律不同。宪法所规定的内容是社会制度、国家制度、公民的基本权利、国家机构的组织和活动原则等国家和社会生活各方面最根本、最重要的问题。其他法律则仅规定国家生活和社会生活中某一方面或某几个方面的问题。

第二，宪法的法律效力与其他法律不同。宪法在一国的法律体系中具有最高法律地位和法律效力，是制定其他法律的基础和依据，其他法律均不得与宪法相抵触，宪法是一切组织和个人的最高行为准则。

第三，宪法的制定和修改的程序与其他法律不同。由于在成文宪法国家中，宪法是规定国家最根本、最重要的问题，那么必然要求宪法具有极大的权威和尊严，而严格的制定和修改程序，则是保障宪法权威和尊严的重要环节。具体来讲，制定和修改宪法的机关往往是依法特别成立的，而并非普通立法机关；通过或批准宪法或者其修正案的程序，往往严于普通法律，一般要求由制宪机关或者国家立法机关成员的三分之二以上或者四分之三以上的多数表决通过，才能颁行，而普通法律则只要立法机关的过半数通过即可。例如美国宪法规定，宪法修正案必须经国会两院三分之二的议员同意，或者应三分之二的州议会或四分之三的州制宪会议批准，才能成为宪法的组成部分，并发生法律效力。我国宪法第六十四条规定："宪法的修改，由全国人民代表大会常务委员会或者五分之一以上的全国人民代表大会代表提议，并由全国人民代表大会以全体代表的三分之二以上的多数通过。"同时又规定："法律和其他议案由全国人民代表大会以全体代表的过半数通过。"当然，在不成文宪法的国家，例如英国，其宪法就不具有这一特点。

　　除了这些法律特征外，宪法作为公民权利的保障书，还与民主政治相联系。世界各国的宪法无论形式如何，其最主要、最核心的价值在于，它是公民权利的保障书。列宁也指出："宪法就是一张写着人民权利的纸。"由此可见，宪法与公民权利之间存在着极为密切的联系。这不仅可以从宪法发展史体现出来，也可以从宪法的基本内容中看出。尽管作为国家根本法的宪法涉及国家生活的各个方面，但其基本内容仍然可分为两大块：国家权力的正确行使和公民权利的有效保障。但就两者的关系而言，公民权利的有效保障居于支配地位，是宪法的出发点。宪法是民主制度的法律化，是对民主制度的确认和保证，宪法肯定已有的民主事实，宪法确认民主的国家制度，宪法规范国家权力的组织和运行，宪法的存在和内容取决于民主政治中各种力量的实际对比关系，并且随着社会的进步和民主政治的发展而发展。正如毛泽东同志指出："世界上历来的宪政，不论是英国、法国、美国，或者是苏联，都是在革命成功有了民主事实之后，颁布一个根本大法，去承认它，这就是宪法。"

　　3. 宪法的功能

　　综合起来讲，宪法的功能主要有以下几个方面：

　　第一，保障基本人权的功能。这是从保障人权的角度对宪法功能作出的分析。民主和人权是宪法最基本的价值取向。世界各国的宪法不仅都把保障人权列为主要的内容，而且绝大多数国家的宪法都设置专章规定"公民基本权利和义务"。这就足见保障人权在宪法中的地位和分量。孙中山先生说："宪法者，国家之构成法，亦即人民权利之保障书也。"这样来定义宪法，也不外是从这个意义上说的。

第二，规训政府权力的功能。宪法就国家权力的组织和配置而言，必须以民主原则为基础，以保障基本人权的有效实现为目的。

第三，保证重大社会利益的平衡。宪法是阶级力量对比的写照，其应当以法律的形式保证不同利益阶层在重大利益上的政治平衡，这样才能为所有人民所拥护。

第四，健全法律制度，推动法制建设的功能。这是从法制的角度对宪法功能作出的分析。宪法是根本法，要求法制必须统一。宪法在健全法律制度，推动法制建设方面的功能包含以下几层意思：宪法为普通法律的制定提供了立法依据和立法原则；宪法为国家整个法律体系的形成和维护国家法制的统一和尊严奠定了基础；宪法为促进法律的实施，切实实行法治提供了保障。

第五，确认革命胜利成果，巩固国家政权，维护经济基础，促进经济发展。宪法的功能和作用最为直接、最为充分的体现就是确认革命胜利成果，用立法的形式使新政权合法化，进而维护经济基础，促进经济发展。

（二）宪法的分类

宪法分类的意义在于从法学研究的视角来充分探讨宪法这一特殊的社会现象所具有的特性，从而为创制宪法、实施宪法、监督宪法、研究宪法和宣传宪法提供必要的理论帮助和实践服务。

目前对宪法所进行的分类比较常见的有两种，即形式分类与实质分类。

1. 形式分类

（1）成文宪法与不成文宪法

将宪法分为成文宪法与不成文宪法主要是从不同的创制宪法的文化传统来考虑的。这种分类法是由英国学者詹姆斯·布赖斯1884年在牛津大学讲学时首次提出的。这种宪法分类所依据的标准为宪法是否具有统一的法典形式。

成文宪法是指在一个国家中用名称为宪法的成文法典来表现各种具有宪法效力的法律规范。这些通过名称为宪法的成文法典表现出来的宪法规范是明示的宪法规范。名称为宪法的成文法典一经产生，人们就知道确定在该成文法典中的法律规范为宪法规范。成文宪法是宪法规范赖以存在的主要形式，它的特点是宪法规范的特点明确、集中以及方便了解等等。世界大多数国家都采用成文宪法来确定和表述宪法规范。美国于1787年制定的美国宪法被看作是世界上第一部成文宪法。1791年法国宪法则是欧洲大陆的第一部成文宪法。到目前为止，中国、美国、日本、瑞典、瑞士、意大利、法国、比利时、印度、朝鲜等绝大多数国家都已经制定了自己的成文宪法典。

不成文宪法是指在一个国家中宪法规范并不是通过一个名称为宪法的成文法典的法律文件表现出来的，而是通过一系列被视为具有宪法效力的法律文件中所包含的法律规范加以体现的。英国是实行不成文宪法的典型国家。英国宪法是由在不同时期颁布的一系列制定法构成的，如1215年的《自由大宪章》、1628年的《权利请愿书》、1679 年的《人身保护法》、1689 年的《权利法案》、1701 年的《王位继承法》、1911 年的《国会法》、1918 年的《国民参政法》、1928 年的《男女选举平等法》、1969 年的《人民代表法》等。此外，还包括宪法惯例与法院判例。目前以色列、新西兰也属采取不成文宪法形式的国家。

（2）刚性宪法与柔性宪法

把宪法分为刚性宪法与柔性宪法也是英国学者詹姆斯·布赖斯于 1901 年提出的。这种区分的标准是要考察创制宪法与创制普通法律的形式和程序上的差异，突出强调创制宪法活动的特殊性和重要性。按照这一划分，美国宪法是典型的刚性宪法，而英国的宪法属于典型的柔性宪法。我国宪法属于刚性宪法。

刚性宪法是指创制宪法的形式和程序不同于一般的法律，具有特殊严格的要求。不论是制定宪法、修改宪法，还是解释宪法，都必须按照一套严格的法律程序进行，以体现创制宪法活动的神圣性。

柔性宪法是指创制宪法的形式和程序与一般的普通法律一样，因此，由此产生的宪法在法律效力上与普通法律的法律效力是一样的。

（3）钦定宪法、协定宪法与民定宪法

以制定宪法的主体为标准将宪法分为钦定宪法、协定宪法与民定宪法。钦定宪法是基于君主主权的思想，即君主通过制定宪法主动地将主权与臣民分享，世界上最古老的钦定宪法是至今仍然生效的于 1814 年制定的挪威王国宪法，日本的明治宪法和中国清末的《钦定宪法大纲》都属于钦定宪法的范围。协定宪法是指宪法是由君主和人民通过协商的形式制定的，是由君主和人民一起分享国家的主权，世界上最古老的协定宪法是 1809 年的瑞士宪法，它是资产阶级与封建势力相妥协的产物，在资产阶级第三等级会议上通过，以国王的名义公布。民定宪法是基于人民主权的思想产生的，即国家的一切权力属于人民，宪法制定权只能属于人民。世界上绝大多数宪法都是基于人民主权思想而产生的。从正当性来看，钦定宪法和协定宪法只是存在于一定的历史阶段。

（4）平时宪法与战时宪法

一般而言，我们所研究的都是平时生效的宪法。而在发生战争或者是紧急状态的情况下，在平时生效的宪法规范有很多内容就必须作出相应的调整以适应战时或者紧急状态时期的要求。战时宪法的最大特点就是对国家机关授予较平时更大的紧急处置权力，同时对公民权利进行比平时较严格的限制。如在有些国家宪法中就规定，在紧急状态时期，宪法中除了关于紧急权的条款仍然生效外，其他的宪法条文中止生效。为了保障公民的基本权利不因为实行战时宪法的规定而被任意剥夺，有些国家宪法还明确规定，即便在紧急状态时期，公民的一些最基本的人权必须得到保障。如 1984 年马来西亚共和国宪法第一百五十条规定：在紧急状态生效期间，不得使议会的权力扩大到涉及伊斯兰教法律和马来人的习俗的任何事项。1982 年葡萄牙共和国宪法第十九条第四款规定：宣布戒严绝不能侵犯生命权、人格完整、个人身份、个人的公民资格与公民权利、刑法的非追溯性、被告人的抗辩权以及信仰自由与宗教自由。

（5）联邦宪法与州宪法

宪法通常是指一个国家内的具有根本法地位的法律，在单一制的国家中，只有国家统一的宪法，地方行政单位不能存在自己的宪法。但在联邦制国家，除了联邦有自己的宪法之外，组成联邦的各个州也可以创制自己的宪法，这种州宪法是根据该州范围内的人民的意志产生的，与联邦宪法不同的是，州宪法仅仅在州的范围内有效。在存在州宪法的联邦制国家中，联邦宪法与州宪法无论在创制程序、宪法内容，还是宪法的效力上都有明显的差异。如在美国，联邦有联邦宪法，而各州又有各州自己的宪法。联邦宪法主要涉及与联邦有关的事务，而涉及各州的事务则由州宪法加以规定。在实行联邦制的德国、澳大利亚、俄罗斯等国家都存在两套宪法制度，既有联邦宪法，又有州或邦宪法。

2. 实质分类

（1）资本主义宪法和社会主义宪法

这是根据国家的类型和宪法的阶级本质所作的一种分类。根据历史唯物主义的基本原理，上层建筑是由经济基础所决定的。当今世界上存在两种不同性质的经济制度：一是资本主义经济制度；二是社会主义经济制度。由这两种经济制度所决定，就存在两种类型的国家制度。宪法作为上层建筑的重要内容，自然应当根据其赖以存在的经济基础和构成上层建筑核心的国家制度作为标准来作实质的划分。例如，英国、美国、德国、法国、日本等国家的宪法是资本主义宪法，而1918年的苏俄宪法、1924年的苏联宪法、我国现行宪法等都是社会主义宪法。

（2）规范性宪法、名义性宪法和装饰性宪法

宪法依其在国家实际权力运作方面所具有的实质意义，可分为规范性宪法、名义性宪法和装饰性宪法。这是以宪法的实施效果为标准对宪法进行的分类，由美国学者卡尔·罗文斯坦最早提出。规范性宪法是指既在规范条文上，也在实际政治生活中具有法律效力的宪法。这类宪法与国家政治生活融为一体，支配着政治权力的运行，规范着社会生活的全过程。名义性宪法是指内容远离实际政治生活，在生活中并不适用，实际上只是一种将来可能会成为现实的宪法。在这种宪法下，政治权力形成、运行的动态过程并不遵循宪法的规定。装饰性宪法又称语义性宪法，是指既不反映现实状况，也不起作用的宪法，是指为维护实际掌握国家统治权者的特殊利益，而将现有政治权力状况，按原状予以形式化的宪法。这类宪法是统治者和当权派愚弄人民群众、欺骗社会舆论，以使自己的地位合法化的工具。在这种情况下，宪法规范与实际政治生活，特别是与政治权力的实际运用毫无关系，因此宪法的存在对于国家权力活动毫无意义。

此外宪法还可以依据不同的分类标准分为：古代宪法、近代宪法和现代宪法；议会内阁制宪法、总统制宪法和委员制宪法；三权宪法与五权宪法；单一制宪法与联邦制宪法；分权制宪法与集权制宪法；一院制宪法、两院制宪法和三院制宪法；单一文件宪法和复式文件宪法；有序言宪法和无序言宪法；附有意识形态的宪法和不附有意识形态的宪法；普通宪法与特别宪法；长宪法与短宪法；原生宪法和派生宪法；纲领性宪法、确认性宪法和中立性宪法；政治自由主义宪法、君主立宪主义宪法、社会改良主

义宪法和独立民族主义宪法等等。

（三）宪法的基本原则

宪法基本原则是指在制定和实施宪法过程中必须遵循的最基本的准则，是贯穿于立宪和行宪之中的基本精神。综观世界各国宪法，虽然在其文本中并无"宪法原则"这一直接用语，然而在制定宪法时，统治阶级总是遵循着一些基本精神和要求，使这些基本原则和要求贯穿于整个宪法之中，并具体指导着条文的拟订和内容的确定乃至贯彻实施。就世界各国宪法的共性而言，通常认为宪法的基本原则主要有人民主权原则、基本人权原则、权力制约原则和法治原则。这四大基本原则构成了宪法内在精神的统一体，是现代民主宪政体制的基本支柱，具体说来，即人民主权是逻辑起点，基本人权是终极目的，权力制约是基本手段，法治是根本保障。

1. 人民主权原则

人民主权原则即"主权在民"原则，是指国家中的绝大多数人拥有国家的最高权力。它源于资产阶级启蒙思想家率先倡导的"主权在民"学说。这一学说认为，国家是由人民根据自由意志缔结契约的产物，所以国家的最高权力应属于人民，而不属于君主。无论是国王还是政府，其权力都是人民授予的，如果不按人民的授权办事，则人民有权将其推翻。这种学说曾经推动了资产阶级革命，成为北美十三州《独立宣言》（政府的正当权力来自被统治者的同意）和法国《人权宣言》（整个国家主权的本源寄托于国民，任何团体任何个人都不得行使主权所未明白授予的权力）的理论基础。当 1791 年法国宪法将《人权宣言》作为序言予以记载下来以后，人民主权原则就成了资产阶级宪法的最一般的原则。如法国第五共和国宪法规定，国家主权属于人民，人民通过自己的代表和通过公民复决来行使国家主权。人民中的一部分人或任何个人都不得擅自行使国家主权。日本 1946 年宪法规定，"兹宣布主权属于国民"。意大利 1947 年宪法规定，意大利为民主共和国；主权属于人民，由人民在宪法规定的方式及其范围内行使之。菲律宾宪法规定，"菲律宾是一个民主共和国，其主权属于人民，政府的一切权力来源于人民"。俄罗斯宪法规定，"俄罗斯联邦的多民族人民是俄罗斯联邦主权的拥有者和权力的唯一源泉"。社会主义国家建立以后，其宪法实际上也采用人民主权原则，即不承认"主权在君""君权神授"，而坚持"人民是国家和社会的主人"。如朝鲜宪法规定："朝鲜民主主义人民共和国的权力属于工人、农民、士兵和劳动知识分子。"我国宪法也规定："中华人民共和国的一切权力属于人民。人民行使国家权力的机关是全国人民代表大会和地方各级人民代表大会。人民依照法律规定，通过各种途径和形式，管理国家事务，管理经济和文化事业，管理社会事务。"除明确规定人民主权原则外，各国宪法还通过规定人民行使国家权力的形式来保障人民主权。主要包括两种形式：一是间接的代议制形式。如前述的法国宪法和菲律宾宪法等对此都有明确规定。我国宪法规定了人民代表大会制度。全国人民代表大会和地方各级人民代表大会代表人民行使国家权力，它们由人民选举产生，对人民负责，受人民监督。其他国家机关都由人民代表大会产生，对它负责并受它监督。二是直接形式。有些国家宪法规定，公民有创制权、复决权等即是这方面的具体表现。如俄罗斯宪法规定："人民行使权力最高的直接形式是全民公决和直接选举。"

2. 基本人权原则

关于人权的思想和理论源于资产阶级启蒙思想家的"天赋人权"说。作为资产阶级反封建革命斗争的有力武器，其产生的经济基础是资本主义的商品关系、等价交换、自由贸易和自由竞争，其基本精神则反映了新兴资产阶级争取人身的自由、平等和对基本政治经济权利的要求，也论证了资产阶级剥夺封建王权的合理性。同维护封建特权的"君权神授""天赋王权"相对抗，"天赋人权"说认为，每个人都有与生俱来的平等权利和自由权利，此种基本人权既不能被剥夺，也不能被转让。这种学说的产生为资产阶级革命提供了强有力的思想理论武器，从而成为资产阶级号召全体人民起来推翻封建专制统治的一面旗帜，确实起到了历史的进步作用。当北美十三州通过独立战争赶走英国殖民统治者和法国取得资产阶级革命胜利后，便以政治纲领和法律的形式，分别在《独立宣言》和《人权宣言》中确认了基本人权原则。如美国《独立宣言》中称："人人生而平等，他们都从他们的造物主那里被赋予了某些不可转让的权利，其中包括生命权、自由权和追求幸福的权利。"法国《人权宣言》写道："在权利方面，人们生来是而且始终是自由平等的"；"任何政治结合的目的都在于保存人的自然的和不可动摇的权利。这些权利就是自由、财产、安全和反抗压迫。"1791 年美国宪法的 10 条修正案（又称权利法案）和 1791 年法国宪法是最早确认基本人权原则的资产阶级宪法。虽然宪法规范的表现形式不完全相同，但各资产阶级国家的宪法，都无不确认了基本人权原则。社会主义国家政权建立后，同样在宪法中确认了基本人权原则。我国宪法使用了"公民基本权利"这一表述，并在宪法第二章具体规定了公民的各种基本权利。我国宪法第三十三条第三款规定"国家尊重和保障人权"。尊重和保障人权是我们党和国家的一贯方针。此外，在坚持宪法基本人权原则的前提下，我国政府还先后于 1997 年和 1998 年签署了《经济、社会、文化权利国际公约》和《公民权利和政治权利国际公约》。从世界各国宪法的规定看，各国宪法对基本人权原则的体现主要有三种形式：第一，既明确规定基本人权原则，又以公民基本权利的形式规定基本人权的具体内容。这是多数国家宪法采用的形式。如日本宪法不仅明确规定，"我们确认，世界各国国民同等享有在和平中生存并免除恐怖与贫乏的权利"，而且在第三章"国民的权利与义务"中规定了人权的基本内容；孟加拉国、白俄罗斯等国也是作出同样的规定。第二，并不明文规定基本人权原则，只是规定公民的基本权利。如美国宪法、比利时宪法等。第三，原则上确认基本人权，但对公民基本权利的内容却规定较少。如法国 1958 年宪法虽然宣布确认基本人权原则，但在宪法的具体条文中则只对公民的选举权作了规定。

3. 权力制约原则

权力制约是指国家权力的各部分之间相互监督牵制，以保障公民权利的原则。关于权力制约的思想由来已久，并为资产阶级国家所践行。他们认为："政治自由只在宽和的政府里存在。不过它并不是经常存在于政治宽和的国家里；它只在那样的国家的权力不被滥用的时候才存在。但是一切有权力的人都容易滥用权力，这是万古不易的一条经验。有权力的人们使用权力一直到遇有界限的地方才休止。""要防止滥用权力，就必须以权力约束权力。"因此，他们把国家权力分为立法权、行政权和司法权三种，并且认为三种国家权力应当归属于三种不同的机关来掌握和行使，以实现以权力制约权力，从而防止专断并保障自由。据此，法国《人权宣言》宣布："凡权利无保障和分权未确立的社会，就没有宪法。"而1791年的法国宪法则原封不动地把《人权宣言》作为它的一个组成部分，把立法权交给国民议会，行政权交给国王，司法权交给法官，相当忠实地吸收了分权与制衡的理论。应当说，最典型地采用三权分立原理的莫过于美国宪法。根据这部宪法的规定，立法权由议会行使，行政权由总统行使，司法权由法院行使。议会由上院和下院构成，两院议员和总统分别由国民选出，法官则根据上院的建议和批准，由总统任命。议会垄断立法权，总统不得在议会有议席，只能提交咨文，上院拥有缔结条约权，有批准权和任命官员的核准权；总统虽然对议会通过的法案有否决权，但如果两院再次以三分之二的多数通过，该法案就自然地成为法律；法院拥有违宪审查权。这样，三权相互保持独立，且相互制约，以达到权力的平衡。在英国，尽管三权分立未能像美国那样典型，但议会掌立法，内阁掌行政，法院掌司法，且内阁以有无下院支持为进退，并分别以解散议会和对内阁不信任决议为武器而形成了"制约和平衡"的局面。虽然资产阶级"三权分立"思想存在着一定的问题，但其关于任何权力都应当受制约的一般原理确实不无道理。制约机制的原理普遍适用于民主宪政的国家，社会主义国家当然也不例外。在马克思主义经典作家的思想中，同样也有丰富的权力制约思想。具体讲主要有三大方面的内容：一是在揭露资产阶级分权原则的同时，肯定其权力制约作用。二是充分肯定民主共和制的地位和作用。三是明确提出了监督的思想。我国宪法在关于国家权力的监督上也作了相应的规定，表现为：在人民与人民代表大会的关系上，强调人民代表大会由人民民主选举产生，对人民负责，受人民监督；在人民代表大会和其他国家机关关系上，强调人民代表大会是国家权力机关，国家行政机关、监察机关、审判机关、检察机关都由人民代表大会产生，对它负责，受它监督。

4. 法治原则

法治也称"法的统治"，是指统治阶级按照民主原则把国家事务法律化、制度化，并严格依法进行管理的一种治国理论、制度体系和运行状态。其核心内容是：依法治理国家，法律面前人人平等，反对任何组织和个人享有法律之外的特权。实行法治是民主宪政的内在要求。在资本主义以前，尽管奴隶制和封建制时代，国家也通过制定法律来规范人们的行为，维护一定社会的法律秩序。然而从根本上说，其实行的是人治而非法治。待到资产阶级启蒙思想家提出了"主权在民""天赋人权"，否定了"主权在君""君权神授"，同时也产生了法治的思想和理论。当资产阶级取得反封建革命斗争的胜利，建立起资产阶级的民主政权时，便首创了宪法的先例。而作为国家根本法的近代宪法的重要特征之一就是要求一国之内的任何组织和个人都必须遵守，恰如法国《人权宣言》所讲的那样，"法律是公共意志的表现。全国公民都有权亲自或经由其代表去参与法律的制定。法律对于所有的人，无论是施行保护或处罚都是一样的，在法律面前，所有的公民都是平等的"。当《人权宣言》成为法国第一部宪法的序言时，便以国家根本法的形式确认了法治原则。

目前世界各国宪法在体现法治原则时一般都包括以下内容：

第一，宪法是国家的最高法律，其他任何法律不得与之抵触，一切机关、组织和个人都必须以之为根本活动准则。

第二，法律面前人人平等。

第三，未经正当法律程序，不得剥夺任何人的权利和自由。

第四，各国家机关的职权由宪法和法律授予，其权力必须依法行使。

第五，司法独立。如美国宪法规定，联邦宪法、法律是全国最高法律，各州宪法和法律不得与之相抵触；未经正当法律程序，不得剥夺任何人的生命、自由和财产。日本宪法规定，宪法是国家的最高法规，与宪法相违背的法律、命令、诏敕，以及有关国务的一切行为全部或部分无效，"任何人非依法律所定手续不得剥夺其生命或自由，或科以其他刑罚"。

各国宪法体现法治原则的方式主要有两种形式：一是在宪法序言或者宪法条文中明确宣布为法治国家，如《葡萄牙共和国宪法》序言规定："制宪会议庄严宣布：葡萄牙人民决心保卫国家独立，捍卫公民基本权利，确立民主制度的根本原则，确保法治在民主国家中的最高地位。"《土耳其共和国宪法》规定："土耳其共和国是一个民主的、非宗教的、社会的法治国家。"二是虽不直接运用"法治"一词，但其他文字或有关内容却清楚地表明该宪法以法治为基本原则。我国宪法规定："国家维护社会主义法制的统一和尊严。一切法律、行政法规和地方性法规都不得同宪法相抵触。一切国家机关和武装力量、各政党和各社会团体、各企业事业组织都必须遵守宪法和法律。一切违反宪法和法律的行为，必须予以追究。任何组织或者个人都不得有超越宪法和法律的特权。"这一规定一定程度上包含了法治原则的大部分内容，1999年宪法修正案规定："中华人民共和国实行依法治国，建设社会主义法治国家"，从而把法治确定为宪法的一项重要原则。

（四）宪法的创制

宪法的创制是宪法规范产生、存在和变更的活动。不论是作为成文宪法的宪法典，还是作为不成文宪法的宪法性法律，它们所包含的宪法规范都有一个产生、存在和变更的过程。通常宪法的创制包括宪法的制定、宪法的修改和宪法解释三种活动。宪法的制定往往是产生以往未存在的新的宪法规范，是宪法创制的主要形式；宪法的修改是对已经存在的宪法规范不适应社会实际需要的内容加以变更或者是放弃；宪法解释是对已经存在的宪法规范进一步明确其内容和含义，使宪法规范具有更强的确定性。宪法制定、宪法修改和宪法解释是宪法的创制不可分割的组成部分。

1. 宪法的制定

宪法的制定是制宪主体按照一定的程序创制宪法规范的活动。宪法的制定是宪法创制的主要形式。制宪主体通常视为人民，即宪法的制定一般视为人民主权原则的一种体现，宪法制定权（制宪权）也是人民主权的一种表现形式。新中国成立以来所制定的四部宪法充分反映了宪法制定的人民性。1954年宪法的制定历时一年零八个月，经过三次大规模的群众讨论，包括全民讨论。第一次是各方面代表人物的讨论，参加讨论的有8000多人，讨论进行了两个多月；第二次是全民讨论，也进行了两个多月；第三次是全国人大代表的审议。据统计，在宪法草案交付全民讨论时，参加学习和讨论的约有1.5亿多人，在讨论中提出了100多万条修改意见和建议，充分反映了人民的意志和利益。1975年宪法和1978年宪法是在特殊历史时期制定的，作为我国社会主义宪法的重要形式，都强调了一切权力属于人民的原则。1982年宪法是在充分反映人民意志和利益的基础上产生的，其制定过程最大程度地体现了宪法制定的人民性。1982年4月26日，全国人民代表大会常委会公布了《中华人民共和国宪法修改草案》，并交付全国各族人民讨论。从4月底到8月底，全国有80%~90%的成年公民参加了全民讨论，提出了许多修改意见和建议。中共中央各部门、国务院各部委和直属机关、中国人民解放军、各民主党派、各人民团体共90多个单位，向宪法修改委员会提出了修改建议。

（1）宪法制定机关

宪法制定机关，也称制宪权主体，是制宪权得以运行的首要因素。法国大革命时期的著名作者西耶斯认为，只有国民才能构成制宪权主体。但在历史上，君主、少数者组织、一定团体等也在一定条件下成为制宪权主体。现代各国宪法中普遍规定，国民是制宪权主体。如美国宪法、日本宪法、德国基本法序言中明确规定，制宪权主体是国民，并规定了国民行使制宪权的方式。国民作为制宪权主体，表明了制宪权的来源与权力的享有主体，但并不意味着全体国民都直接参与制宪过程，具体行使制宪权。实际参与制宪过程的只是一部分国民或者经选举产生的代表。也就是说，享有制宪权的主体与具体行使制宪权是不同的概念。为了使国民有效地行使制宪权，各国建立了不同形式的制宪机关，并赋予制宪机关相对独立的职权，如制宪会议、国民会议、立宪会议等机关。宪法制定机关依据民意行使制宪权，具体负责宪法的制定。实际行使制宪权的议会或代表机关一般是由国民经过选举产生的。制宪议会不同于一般国会或民意机关，可不受旧宪法的约束，具有政治议会的性质。如印度制宪会议根据 1947 年 7 月 15 日的独立法，自动获得最高权力机关的地位，并于 8 月组织了由 7 名委员组成的宪法起草委员会。1948 年完成宪法草案后，同年 11 月提交给宪法制定会议。经审议后，宪法制定会议于 1949 年 11 月正式通过印度宪法。这里要特别注意的是制宪机关与宪法起草机构是不同的，主要区别在于：制宪机关是行使制宪权的国家机关，而宪法起草机构是具体工作机关，不能独立地行使制宪权；制宪机关一般是常设的，而宪法起草机关是临时性的机关，起草任务结束后便解散；制宪机关有权批准通过宪法，而宪法起草机关无权批准通过宪法；制宪机关由公民选举产生，具有广泛的民意基础，而宪法起草机关主要通过任命方式产生，注重来源的广泛性及专业性。对制宪机关的规定，各国宪法不尽相同。有的国家宪法明确规定行使制宪权的制宪机关，并赋予其独立地位；也有国家的宪法对制宪机关不作具体规定，只规定修宪权主体。

（2）宪法制定程序

宪法制定程序是指制宪主体制定宪法时应经过的方式、步骤、时限和顺序。由于宪法是基本法，其制定程序不同于普通法律，程序比较严格。而且从某种意义上讲，制宪程序也不宜与修宪程序相同，而应比修宪程序更加严格。由于各国规定的制宪权行使者不同，也就形成了不同的制宪权行使模式。目前主要有三种模式：一是由国民通过国民投票方式直接行使制宪权；二是由通过国民选出的代议机关来行使制宪权；三是将制宪权进行纵向分解，先由代议机关行使制宪权，在对宪法草案进行表决通过后，还应交由全体国民投票公决是否通过。由于采取的模式不同，制宪程序也就有所分别，但是一般都要包括以下步骤：

第一，产生或设立制宪机构。制宪机构人员的组成是否具有广泛的代表性及其素质如何，对于确保宪法的民主性与科学性，以及将来的有效实施具有举足轻重的作用，因此民主选举产生制宪机构是制定民主宪法要经历的一个关键步骤。

第二，成立宪法起草机构，提出宪法草案。在制宪机构产生以后，为了保证宪法所起草的内容尽可能与国民的意志相一致，就必须明确宪法起草必须遵循的指导思想和原则。同时，为保障起草的效率与科学性，一般要成立由专家与民众领袖组成的宪法起草机构专门起草宪法，以充分吸收人类社会优秀的文明成果，减少宪法起草过程中可能存在的盲目性。在宪法草案的起草和具体讨论过程中，不可避免地会遇到各种利益的协调问题，需要通过不同层次的利益协调，寻求共同的社会基础。

第三，宪法草案的通过。现代各国的宪法草案多由会议、代表机关决议通过。为了保证宪法的权威性和稳定性，大多数国家对宪法的通过程序作了严格的规定。一般的规定是，制定宪法要获得国家立法机关成员三分之二以上或四分之三以上的多数赞成才能通过。韩国1948年宪法曾经过三读程序，最后由国会通过。有的国家通过宪法时，还需要全民公决、国民投票等形式。在通过宪法草案时也有一些特殊情况。1990年德国统一时，在制定统一宪法的过程中，遇到了一些特殊问题，实际上没有经过具体的通过程序。1990年8月31日的《统一条约》中包括了《联邦德国基本法》6个方面的修改内容，经联邦德国国会和联邦参议院以在籍议员三分之二以上的赞成通过《统一条约》后，《联邦德国基本法》成了两德统一后的宪法。

第四，公布宪法。宪法经过一定程序通过与批准后，由国家元首或代议机关公布。我国1954年宪法的通过机关是全国人民代表大会，公布宪法的机关是全国人大主席团，此外，宪法还应当在全国人大常委会公报和全国发行的报刊，如《人民日报》上全文登载。

2. 宪法的修改

宪法的修改是宪法制定主体或者依照宪法的规定享有宪法修改权的国家机关或其他特定的主体对宪法规范中的部分内容加以变更的宪法创制活动。与宪法修改相关的重要问题是，宪法修改的主体、宪法修改权、宪法修改与宪法制定的关系等。宪法修改权与宪法制定权一样都应当属于宪法制定者。

（1）修宪原因

2018 年 2 月，习近平在十九届中共中央政治局第四次集体学习时强调："我国宪法是治国理政的总章程，必须体现党和人民事业的历史进步，必须随着党领导人民建设中国特色社会主义实践的发展而不断完善发展。"宪法之所以要修改，主要基于两个方面的原因：一个是客观原因，主要是因为制定宪法所赖以存在的社会条件在不断变化。我们不可能要求宪法固定不变，相反，宪法必须适应所处时代经济制度、政治制度、文化意识形态等变革的需要。只有适当修改宪法，才能避免宪法在新的社会条件下失去实际的效力，甚至压制社会的变迁，引发社会动荡或使社会变得僵化。另一个是主观原因，主要是因为制宪者认识能力的局限性。制宪者因受当时认识能力的限制不可能使宪法十全十美，必然存在漏洞或缺陷。为了堵漏和补缺，就必须适时修改宪法。

（2）修宪的限制

宪法是一国的根本大法，为保持稳定，修改必须有一定的限制：

第一，内容上的限制。各国宪法一般在内容上从四方面加以限制。

①禁止变更宪法基本原则。例如，《联邦德国基本法》第七十九条第三款规定，基本法第一条至第二十条规定的基本原则不得修改。

②禁止修改国家政体。例如，法国 1958 年宪法第八十九条

规定："政府的共和政体不得成为修宪的对象。宪法的修改若有损于领土的完整，任何修改程序都不能进行或继续。"意大利宪法第一百三十九条也规定："共和政体不能成为修改的对象。"

③规定公民的基本权利的条款不得做不利于公民的修改。例如，联邦德国宪法第七十九条第三款规定，宪法所列举的公民基本权利不得进行修改。

④禁止修改有关修宪程序的条款。修宪程序本身是对修宪权力的控制，具有根本性质，为了维护宪法的权威和稳定性，一般不允许修改修宪程序。

第二，时间上的限制。世界各国宪法一般规定，宪法颁布后一段时间内不得修改宪法或者规定定期修改宪法。一些国家还规定在某些特定时期不得修改宪法，被否决的宪法修正案在一定时期内不能再提出修改。如1962年科威特宪法规定，宪法颁布5年后才能修改，若修宪的主要理由被否决，从否决之日起一年内不能再提修改；1864年希腊宪法规定宪法公布后10年内不得修改；1889年日本宪法规定在摄政时期不能修改宪法，以防止篡权；1921年波兰宪法规定每隔25年修改一次。

第三，程序上的限制。由于宪法并非公民权利的来源，而是公民权利的体现，因此其内容必须体现人民的意志，为此，世界各国宪法都规定宪法的制定和修改必须遵循特别严格的程序；对于修宪行为违反修宪程序的，修宪行为无效。

（3）宪法修改的方式

宪法修改的方式包括全面修改与部分修改两种。全面修改与宪法的重新制定的区别在于前者并不改变宪法的根本精神、基本原则和基本的政治权力架构。全面修改一般在特殊情况下才出现，例如，我国 1975 年、1978 年、1982 年宪法就是全面修改。最早明确规定可以全面修改宪法的是 1874 年瑞士联邦宪法，它规定："宪法可以于任何时间做部分或全部之修正。"部分修改有废除、变更、增补三种方式。废除是指宣布原来宪法的条文，内容以新条款代替。变更是指修改某些条款的内容，如我国 1988 年宪法修正案对宪法第十条第四款的修改，即有关"土地使用权"的问题，将"任何组织或者个人不得侵占、买卖、出租或者以其他形式非法转让土地。"修改为"任何组织或者个人不得侵占、买卖或者以其他形式非法转让土地。土地的使用权可以依照法律的规定转让"。增补是指增加新的条款，例如美国宪法前十条宪法修正案就是增补的新条款。有学者还认为，"无形修改"即"宪法变迁"也是宪法修改的形式。即通过非正式的、不变动宪法条文而实际上变更宪法内容的形式，例如通过宪法解释或者宪法惯例等形式来达到变更宪法内容的目的。

（4）宪法修改的程序

宪法修改的程序一般包括以下几个阶段：

第一，提案。提案即提出修改宪法的议案，世界各国一般规定由议会或人民的代表机关提案，但同时附加一些限制，例如美国宪法规定，国会参众两院三分之二的议员或者各州三分之二的州议员，均有宪法修改的提议权。日本宪法规定国会有提案权，但必须得到国民承认。

第二，审议和表决。世界各国对宪法修正案通过的程序有着不同的规定。例如法国宪法规定，宪法修正案由议会两院同时表决通过后，须交由公民投票决定。如果共和国总统决定将宪法修正案交付议会两院联席会议，该修正案则无须交公民投票决定。日本宪法规定，宪法的修改，必须经各议院全体议员三分之二以上赞成，由国会向国民提出建议，然后提交国民投票或在国会规定的选举时间进行投票，获得半数以上的赞成票，才能成立。

第三，公布和生效。就宪法修正案的公布机关而言，有的由国家元首（如日本、德国、意大利、挪威）公布，有的由总理请国王签署公布（如泰国），有的由国务卿公布（如美国）。我国宪法一般认为应由人大主席团公布。关于生效时间，有的规定自公布之日起生效，有的规定一个具体时间生效。关于公布的方式，有的在政府公报、官方公报或法律公报上公布。目前我国宪法修正案是以公告方式公布，并刊登在人大常委会公报上。

3. 宪法解释

宪法解释是宪法制定主体或者依照宪法的规定享有宪法解释权的国家机关或其他特定的主体对已经存在并且正在生效的宪法规范的内涵所作出的说明。世界各国都十分重视宪法解释的功能。处于转型时期的我国，如果既要维护宪法的稳定性与权威性，又要使宪法规范能够适应迅速变化的经济、政治和文化等条件，就必须发挥宪法解释机制的功能。

一般认为，宪法条文是宪法解释的形式对象，宪法规范是宪法解释的实质内容，对宪法原则、宪法结构和功能的解释是宪法解释的重要内容。宪法解释与普通法律解释相比，具有以下特点：

（1）宪法解释更容易采取扩大和限制宪法条文字面含义的办法来使宪法原则适用于特定的法律事实，而普通法律解释因解释对象的规范性较强，因而对条文的字面解释和逻辑分析的情况居多。

（2）宪法解释结合历史条件和现实意义来分析宪法条文和宪法规范的含义居多，由于宪法内容的政治性而使宪法解释具有更强烈的时代特征。

（3）宪法解释的程序更严格，我国目前尚无宪法解释程序的规定。

（4）宪法解释机关的地位应比较高、比较独立，不能受立法机关的影响，一般应为立宪机关或违宪审查机关。

（5）宪法解释的标准更多，更严格。

宪法解释的机关实质上是指宪法解释的任务由谁承担。由于各国宪法发展的历史传统不同，因此关于宪法解释主体资格的理念也不相同，大体包括以下几种：

（1）国家元首解释制。此制度始于君主制，最早在宪法中确立这一制度的是日本明治宪法。该宪法规定，宪法之解释权由天皇行使。

（2）立法机关解释制。此制度是指由该国立法机关解释宪法的体制。其主要特点在于：一是宪法解释权的行使分两种，或者是立法机关主动行使，或者是依其他机关的申请而行使；二是宪法解释依照立法程序进行；三是宪法解释的形式有两种，一种是寓解释于立法之中，另一种是单独作出决定；四是实行后法优于前法的原则。

（3）普通法院解释制。该制度是指以普通法院作为解释宪法的机关，最后决定权属于国家最高法院的宪法解释体制。各级法院在审判有关案件时，应该附带审查其所适用的法律是否违宪，如认为违宪，则否认其效力而拒绝加以适用，故一般称之为司法审查解释。

（4）特设机关解释制。特设机关解释制又称为专门机关解释制，它指的是设立专门的宪法法院（如德国、奥地利）或者宪法委员会（如法国）负责处理宪法争议，并就其中相关宪法条文的含义进行释义的制度。

（5）公民团体解释制。在一些实行公民复决制度的国家，公民团体有最终解释宪法的权力。复决权创始于美国的州宪法，其后为瑞士各州和联邦所采用。现在的瑞士、法国、日本、意大利、奥地利等国采用此制。此外，在各国宪政实践中，还有一些不成文的宪法解释制度，有些具有约束力，有些虽然不具约束力，但也有很大的影响，如党派的解释、学者的解释等。宪法解释必须遵循一定的原则与方法，就具体原则而言，主要包括以下几项：第一，依法解释原则。只有由有权机关根据法定的权限和程序解释宪法，才能保证宪法解释科学、合理和有效。第二，符合制宪目的的原则。任何一部宪法都有其制定的目的，以及为实现其目的而提出的根本任务。因此宪法解释不能仅以表面文字为依据，而要特别关注制宪的目的。第三，以宪法的根本精神和基本原则为指导。第四，适应社会发展需要的原则。第五，字面解释原则。字面解释原则，又称普通含义法解释原则，是指对宪法的有关规定，根据最普通最常用的含义进行解释，宪法解释机关不能随意发挥。第六，整体解释原则。整体解释是指宪法解释时不能孤立进行，而要从该规定与宪法其他内容的联系中进行。宪法解释的方法主要包括统一解释、条理解释、补充解释和扩大解释等。

4. 宪法惯例

宪法惯例是指一国统治阶级在长期的政治实践中形成的涉及有关社会制度、国家制度基本问题，并由公众普遍承认具有约束力的习惯和传统的总和。其特征是：

（1）没有具体法律形式。其内容没有规定在宪法性文件中，而是体现于新闻报刊、政治实践中的一些习惯及法院判例等。

（2）内容涉及国家的根本制度和公民的基本权利义务。例如，各国家机关的权限划分，职权行使的程序、方式及公民权利的范围，政党的活动等。

（3）依靠公众舆论而非国家强制力来保障实施。宪法惯例的形成主要有三种途径：一是通过政治家的言行而形成，如华盛顿两届任期期满后不再参加总统竞选；二是通过政治斗争而形成；三是通过宪法学家总结而形成。

我国有没有宪法惯例，对于这个问题尚没有明确规定，有部分学者认为下面一些做法应属于宪法惯例，并由公众普遍认可：

（1）在党领导国家方面。党就重大问题向全国人大提出建议，党的会议通常在人大会议之前进行。

（2）在中国共产党与民主党派的合作方式上，党中央往往就重大问题事先与民主党派协商，征求意见，再交国家机关去办。

（3）政协会议与全国人大会议同时举行，政协委员列席人大会议。

（4）宪法修改程序方面，由党中央提出宪法修改建议，然后由人大代表提交修正案，自1993年以来已经基本形成惯例。

5. 宪法判例

宪法判例指法院在审查案件时做出的与宪法问题有关，对法院及同类性质事项具有约束力的判决。在承认和实行判例法的国家，宪法判例是宪法的渊源之一，也是宪法结构外在构成要素的组成部分。宪法判例与宪法惯例相比有着明显的不同：

（1）从形成来讲，宪法惯例可以基于许多因素而形成，诸如政党的组织活动、立法机关、行政机关的行为、领袖人物、政治家的言行、权力的行使及一些谅解、协议等都可以成为宪法惯例产生的基础。宪法判例只能产生于法院受理案件、解决纠纷、适用法律过程中，而且必须关涉宪法的内容时才会形成。由此决定，宪法惯例具有比较强的政治性，宪法判例则具有比较强的法律色彩。

（2）约束的对象上，宪法惯例对很多的机关和人员都有约束力，但宪法判例一般情况下只约束法院。

（3）宪法惯例可以成文的形式存在，也可以不成文的形式存在。宪法判例所包含的规则存在于法院的判决之中，必定是成文的。

（4）宪法惯例同宪法判例都建立在现实政治、经济力量的支持之上，都可以反复被运用，但其消长、发展变化的形式不同。

宪法惯例的消长基本上是自然而然的，无需以专门的形式给予废除。而宪法判例由于源于法院的判决，其影响力的大小要取决于多种因素，但要否定其约束力，必须有新的判例将其推翻，否则，法院就应加以遵守。宪法判例作为判例法的一种表现，主要在英美法系的国家中被认为或事实上作为宪法变迁的表现形式。然而在英美法系的国家，因宪政体制的差异，宪法判例的存在情况也不完全相同。比如英国奉行议会至上，议会制定修改的法律都是最高的法律，法院只有适用议会所制定的法律的义务，而无审查议会立法及政府行为是否合乎宪法的权力，故宪法判例产生的基础是议会的立法，在具体案件中，法院作出的判决和解释具有宪法上的重要性时，就会从中引申出构成宪法判例的原则或规则。如1670年确定的司法独立与1678年维护法官的某些豁免权都是从对案件判决中引申出来的。在美国，成文的宪法并没有赋予法院享有司法审查的权力，法院的司法审查制度本身就是宪法判例的产物，它的起源就是世界宪法史上著名的马伯里诉麦迪逊案。从此，联邦最高法院不断地通过行使违宪审查权，作出了大量的宪法判例。著名的有：1819年的马卡洛诉马里兰州案创造了联邦国会除享有宪法明示的权力外，还有含蓄默认的权力的判例。1824年的吉朋斯诉奥格登案，将"贸易"一词扩大解释为包括交通的判例。1868年宪法第十四条修正案生效后，将其中的"正当法律程序"条款由"程序的正当"发展包括"实质的正当"的判例。制定于1787年的美国宪法，两百多年中只增加了二十七条，其他部分至今仍然有效，文字虽存，但其所代表的意思有很多方面已经发生了巨大的改变，为当初那些宪法创制者所始料不及。这样的结果，如果离开联邦最高法院不断通过判例的形式将宪法的字面含义给予发展、扩充、更新甚至是改变，那将是不可能的。

（五）宪法渊源、宪法典结构与宪法规范

1. 宪法渊源

宪法渊源是指一个国家中宪法规范所赖以存在的法律形式。宪法渊源中最主要的法律形式是作为成文宪法的宪法典。宪法典往往是一个国家中集中表示宪法规范的法律形式。宪法典的修正案作为宪法典不可分割的补充规定，也是宪法规范的渊源之一。在实行不成文宪法的国家中，具有宪法效力的宪法性法律是规定宪法规范的主要法律形式载体。宪法性法律是宪法结构中不可缺少的要素，对其含义的理解各国有所不同。在英国，宪法性法律是"指对宪法的所有各种解释的总体"，"包括来自所有生活在宪法之下，并受其规定约束的人们对宪法提供的全部理论和实践"。照此理解，宪法性法律既包括由议会制定的成文法，也包括不具有法律性质的对宪法进行描绘的权威性著作及公民行使请愿权、举行公民投票等政治实践。在美国，宪法性法律几乎被认为是宪法的另外一种说法，指的是"规定一个国家被承认为独立的国家的政府体制，确定其职权并对其权力的行使加以限制的法律"。在我国，一般认为宪法性法律是指内容具有宪法的性质，仅仅是在形式上不具有宪法的特征。

此外，由有权对宪法进行解释的主体依照宪法规定对宪法规范的内涵所作出的解释和说明也是宪法规范的主要表现形式。在一些国家中，除了作为成文宪法的宪法典、作为不成文宪法的宪

法性法律之外，还承认某些宪法惯例中所包含的法律规范具有宪法规范的性质。宪法渊源还有一种特殊的形式，如欧盟宪章对欧盟成员国具有宪法的约束力，除非不愿意接受欧盟宪章约束的成员国退出欧盟。在我国，能够作为宪法渊源的是宪法典以及对宪法予以修改的宪法修正案。另外，依照宪法规定，由全国人民代表大会常务委员会对宪法所作出的解释也可以视为表现宪法规范的法律形式。

2. 宪法典结构

宪法典结构的构成是基于对宪法规范进行合理、充分和有系统地予以表述而产生的，在一定程度上也反映了一个国家创制宪法的立宪技术特征。在一定意义上，宪法典的结构特征能够比较准确地反映一个国家中起主导作用的宪法思想的特点。例如，以三权分立理论作为立宪基础的美国宪法，其正文由立法条款、行政条款、司法条款以及州条款等七条构成，该结构充分反映了三权分立原则和联邦与州的分权原则。而以主权在君的立宪思想产生的挪威王国宪法其章名的排列顺序依次是：政体和宗教，行政权、国王和王室，公民权利和立法权，司法权和一般规定等。

宪法典的结构一般分为形式结构和内容结构两种。形式结构是指将宪法规范予以合理排列的顺序、方式，一般分为章、节、条、款、项和目，也有在章之上再分编或者是篇的，有的国家宪法对章、节、条、款、项的排列顺序仍然进行细化，如章下分分章，节下分分节，条、款、项下分为小条、小款、小节或者是条之几、款之几和项之几的。比较而言，亚洲国家宪法典使用"篇、章、节、条"体例居多，欧洲国家则大多采用"章、节、条"的体例。宪法典形式结构的作用主要在于形式结构可以有利于识别宪法规范的所在位置，以方便在不同的宪法规范之间建立形式逻辑关系，简化宪法规范的表述方式。内容结构是指将具有相同性质的宪法规范安排在宪法典中的某一部分，一般包括序言、总纲、正文、特殊规定和附则等。序言主要表述制定宪法的意图、指导思想和基本国策，总纲是对基本国家制度和社会制度的规定，正文部分明确国家权力与公民权利的产生、存在和变更的条件、形式以及相互关系，特殊规定一般涉及非常时期宪法的效力，附则一般确定宪法生效的期限等。

我国现行宪法在结构上的特点表现在：

（1）宪法的形式结构分章、节、条、款、项，共四章，其中第三章分8节，共143条。在引用某一宪法规范时可以表述为：宪法第几章第几节第几条第几款或者是宪法第几章第几节第几条第几项（宪法中没有在同一条文下设两款以上的款别而又在款别下设项的，只有在同一条下设一款，并在该款下设若干项，一般在表述某项时省略第一款的中间结构，直接表述为某条某项）。

（2）宪法的内容结构分为：序言，第一章总纲，第二章公民的基本权利和义务，第三章国家机构（分8节，第一节全国人民代表大会、第二节中华人民共和国主席、第三节国务院、第四节中央军事委员会、第五节地方各级人民代表大会和地方各级人民政府、第六节民族自治地方的自治机关、第七节监察委员会、第八节人民法院和人民检察院），第四章国旗、国歌、国徽、首都。

3. 宪法规范

宪法规范是指调整国家最基本、最重要的社会关系的各种规范的总和。宪法规范并不调整所有的社会关系，而只调整国家和社会生活中最基本的社会关系。社会关系一经宪法规范调整即形成宪法关系。宪法关系的基本特点：一是涉及的社会生活领域十分广泛；二是在宪法关系中，国家或国家机关始终都是重要的参与者。宪法关系既包括社会、国家与个人之间的关系，同时也包括国家机关之间的相互关系。宪法规范是具有宪法效力的法律规范，它与一般法律规范最主要的区别是：一般的法律规范所规范的对象只涉及法律事实和法律行为，而宪法规范除了对法律事实和法律行为具有规范作用之外，对法律规范也具有规范作用，是一种规范的规范。宪法规范的这种复合规范性要求一般法律规范在调整社会关系时必须以宪法规范为前提，不得与宪法规范的要求相抵触。宪法规范包括规范的主体、规范的对象、规范力的范围等构成要素。

（1）宪法规范的逻辑结构

宪法规范是组成宪法的基本因素，它以不同的规则来表现，而规则的形成与存在应具备一定的实质要件和形式要件，否则规则就难以发挥其作用。从逻辑结构上看，宪法规范与一般法律规范一样，由假定、处理和制裁三要素组成。假定是宪法规范规定的适用规则的条件；处理是宪法规范规定的行为模式，以要求、授权、禁止等形式加以表现；制裁是宪法规范规定的因违反规则而产生的法律后果或具体制裁。在理解宪法规范逻辑结构三要素的同时，我们需要区分宪法规范与宪法条文之间的关系。宪法条文是宪法规范的具体表现形式，宪法规范是宪法条文的内在本质与内容。宪法规范在逻辑结构上必须具备三要素，但它与宪法条文并不总是相吻合，同一宪法规范的逻辑结构因素可能表现在不同的宪法条文之中，同时，同一宪法条文也可能表现宪法规范的不同内容。

（2）宪法规范的种类

一般认为宪法规范的种类包括以下几种：

①确认性规范。确认性规范是对已经存在的事实的认定，其主要意义在于根据一定的原则和程序，确立具体的宪法制度和权力关系，以肯定性规范的存在为其主要特征。确认性规范依其作用的特点，又可分为宣言性规范、调整性规范、组织性规范、授权性规范等形式。

②禁止性规范。禁止性规范是指对特定主体或行为的一种限制，也称为强行性规范。这类规范对于宪法的实现起着十分重要的作用，集中体现了宪法的法的属性。在我国宪法中，禁止性规范主要以"禁止""不得"等形式加以表现。

③权利性规范与义务性规范。这类规范主要是在调整公民基本权利与义务过程中形成的，同时为行使权利与履行义务提供了依据。

④程序性规范。程序性规范具体规定宪法制度运行过程的程序，主要涉及国家机关活动程序方面的内容。程序性规范主要有两种表现形式：一是直接的程序性规范，即宪法典中对有关行为的程序作了具体规定，如议会召开临时会议的程序规定；二是间接的程序性规范，即宪法典本身对程序性规范不作具体规定，而通过法律保留形式规定具体程序。如对法律的具体制定程序、国家机关领导人的具体选举程序等，宪法只作原则性规定，具体程

序则由其他法律规定。从世界宪政发展的趋势看，程序性规范的比重将逐步得到扩大，以保证宪政行为的有序性。

（3）宪法规范的适用

宪法规范效力是指宪法规范对宪法关系的各个领域所产生的普遍约束力。宪法规范作为最高的法律规范，具有法律上的实效性，即约束国家经济、政治、文化、社会生活等各个领域的活动。宪法规范效力与宪法规范适用有着密切的关系。宪法规范适用是其效力的具体体现，是保障宪法规范性与有效性的重要条件。如果宪法规范不能适用或适用机制不健全，那么其规范性价值就难以得到体现。就宪法规范本身的要求看，适用是一种必须选择，只有在适用过程中，才能更全面地理解宪法的意义。

世界范围内宪法规范适用的模式主要有两种：一是通过具体的宪法诉讼活动体现其适用价值；二是通过确立宪法原则与具体规程保障宪法实施。第一种形式是现代各国普遍采用的形式，其主要特点是宪法直接进入诉讼领域，成为判案的依据。在宪法诉讼活动中，宪法的规定与原则通过比较规范的程序得到实现，从客观上减少了缺乏权利救济的现象。宪法的司法化是宪政与人权宪法本身应有之义。各国的宪法司法化的模式虽然有诸多差异，但是它们的任务是相同的：通过司法化途径保护个人的基本人权免受政府机关，尤其是行政机关的侵犯；力图在国家机关之间保持权力的制约与平衡；用法律解决政治问题，通过政治问题法律化，现代国家可以有效地将矛盾转移，获得政府行为的合法性支持。第二种形式的特点是宪法适用主要通过非司法化的途径进行。在这种体制下，宪法适用所需要的国家机关通常是指国家代议机关和国家行政机关等非司法机关。如我国，宪法规定的宪法适用机关是全国人大和全国人大常委会。从宪政实践的效果来看，通过司法化途径而进行的宪法适用更能体现宪政的特点，而且，这也有助于通过司法化的宪法程序，解决宪法规范与社会现实的冲突，使宪法更加贴近社会成员的日常生活。

（六）宪法实施与监督

1. 宪法实施

宪法的生命在于实施，宪法的权威也在于实施。宪法作为国家根本法，是原则、规范和概念组成的有机体，被制定出来后在实施前，只是一种文字上的法律，处于应然状态，对社会关系不发生任何调整，只有通过宪法实施才能使宪法从文字上的法律变为现实生活中的法律即活的法律，才能使它从抽象的行为模式设定变为人们的具体行为，进而对社会关系进行具体的调整。

宪法实施作为法律实施的一种具体形式，是指宪法在社会生活中被社会主体实际施行，其内容是指抽象的、一般的宪法权利义务关系，转化为社会生活中现实的具体的权利义务关系，进而将宪法规范的一般要求变为人们的行为。具体来说，包括三个方面：国家机关依照宪法的规定行使国家权力和履行宪法职责；公民依据宪法规定行使宪法权利履行宪法义务；特定国家机关对违宪行为的纠正和惩处。其运作方式是宪法规范要求转化为宪法主体的具体行为，包括良性运作、中性运作和恶性运作。

宪法实施涉及国家根本制度的运作和公民权利的实现，可以反映出一个国家民主与法制水平的高低，具有重大意义。首先，宪法实施有利于保护一国经济基础。众所周知，包括宪法在内的一切法律都根源并服务于一定的社会物质生活条件，维护其经济基础，是任何种类宪法制定的首要目的。因此，宪法实施的广度和深度直接与一国的经济基础的稳定与发展相关联。其次，宪法实施有利于促进人权制度的建立和完善。宪法是公民权利的保障书，确认和保障人权是宪法的重要内容，然而宪法规定是一回事，实际实施又是另外一回事，只有宪法得到实施，宪法所规范的公民权利不断地为公民实际享有，人权制度才能得到发展和完善，人类社会的宪政实践也证明了这一点。再次，宪法实施还有利于民主法制的健全。宪法具有最高法律效力，是一国法律制度赖以建立的基础，任何其他法律都不得与宪法相抵触。如果宪法得不到有效实施，那么该国的法制和民主的健全也就无从谈起，只有宪法得到了切实实施，法制的统一才有稳定的基础，民主的发展才有可靠的保障。因此，一国宪法能否实施，其实施程度如何，是衡量该国民主与法制的标志。

理解宪法实施必须明确其与宪法实现之间的关系。宪法实现是宪法规范和宪法价值的落实，是指宪法的规范要求转化为宪法主体的行为，从而形成现实宪法关系的状态。其一般表现为两个方面的统一：一是程序上的贯彻落实与实体内容的实现相统一；二是宪法规范的实现与宪法应然精神和价值的实现相统一。由此我们可以明确，宪法实现包括三层内涵：第一，宪法规范程序上的贯彻执行；第二，宪法实体内容的实现，主要体现为宪法所规定的权利和义务转化为现实，并根据立宪的要求形成具体的宪法关系和宪法秩序；第三，宪法体现的应然精神和价值得到实现。从以上分析来看，宪法实施实际上是宪法实现的中心环节和主体部分；同时，它们二者之间也存在着明显的区别。具体说来，宪法实施和宪法实现的区别主要表现为：第一，宪法实现比宪法实施的含义更为广泛。宪法实施是一种实际的活动过程，宪法实现则不仅包括这一过程，而且还包括这一活动所产生的结果。第二，宪法实施主要侧重于宪法的执行、适用与遵守，而宪法实现则不仅强调宪法的执行、适用与遵守，而且还特别强调宪法的监督和保障。第三，宪法的实施既可能是正值，也可能是负值，但宪法实现则肯定是正值。第四，宪法实施是过程、是手段，宪法实现则是目的、是结果。没有宪法的实施就不可能有宪法的实现，宪法实施是宪法实现的前提；同样，没有宪法实现，宪法实施则失去了实际意义，宪法实现是宪法实施的目的所在。

宪法实施的基本方式是指宪法规范要求转化为社会生活现实的主要形式。由于宪法调整内容的广泛性和宪法调整的复杂性，宪法的实施方式也多种多样，概括地说，主要有宪法的执行、宪法的适用、宪法的遵守。

（1）宪法的执行

宪法的执行俗称"行宪"，是指传播宪法信息和实现宪法的各种活动的总称。人们通常在广义和狭义两种含义上使用该概念。广义上看，宪法的执行是指所有国家机关（包括立法、行政、司法）及其公职人员按照宪法规定的程序和职权实施宪法的活动。狭义的宪法的执行则是指宪法赋予其职权的国家机关（主要是立法和行政机关）及其公职人员，依据宪法行使立法权、管理权，履行职责，实施宪法的活动。宪法的执行是宪法实施的重要方式。

宪法作为国家根本法，能否发挥实效关键在于不折不扣地执行。法治程度较高的发达国家都十分重视宪法的执行，并通过立法、行使管理职权等途径执行宪法。立法机关执行宪法的主要方式是行使立法权，制定相应的法律。宪法规范往往具有较大的原则性和概括性，为宪法的执行带来了极大的难度。这就需要立法机关制定法律，使宪法的精神和原则具体化，以利于国家机关及公民个人的理解与执行。同时，立法机关执行宪法的方式还包括监督行政机关及司法机关的行为，使其履行宪法规定的职责。行政机关执行宪法的方式主要是行使行政管理职权，依宪法规定的职权及其运作方式行使权力，同时，当公民、政治组织、社会团体和国家机关拒不履行其宪法义务时，依宪法授权采取强制措施，迫使其履行义务。

（2）宪法的适用

宪法的适用是宪法实施的核心环节，它是指特定国家机关依照法定的职权和程序处理违宪案件的专门活动。宪法适用的主体通常是特定机关，从世界上各国宪法规范来看，这些特定机关主要有宪法委员会、宪法法院、上议院等。有的国家也将普通的司法机关作为宪法适用的主体。各国宪法不仅对宪法适用主体的具体机关有不同的规定，而且对宪法适用主体是单一国家机关还是多个国家机关的规定也不一致。有的国家是单一国家机关，有的国家宪法则规定不同的违宪案件由不同的国家机关予以处理。宪法适用的对象也是特定的。一般来说，各国宪法通常将国家高层次公务人员和违反宪法的法律性文件作为宪法适用的对象。不过，在实施宪法诉讼制度的国家一般宪法主体也可能成为宪法适用的对象。宪法适用的特定性还体现在宪法适用的程序上。普通法律的适用程序一般由法律明确规定，而审理违反宪法的案件则适用特别程序，这种特别程序可以是事先颁布的专门程序法，也可以是临时由议会通过的特定的程序规定。

（3）宪法的遵守

宪法的遵守是指宪法主体依从和奉行宪法。具体来说，它是指宪法主体以宪法为自己的行为准则，严格依照宪法规定从事各种行为的活动。在通常意义上，守宪大多限于不违宪，不为宪法禁止的事情或者为宪法所要求的行为，这是消极被动的守宪。当然，宪法的遵守除包括这种消极的、被动的守宪外，还包括宪法主体根据授权性宪法规范积极、主动地行使自己的权利或权力，实施宪法。因此，宪法的遵守通常包括两层含义：一是根据宪法享有并行使权利或权力，二是根据宪法承担并履行义务。

宪法的遵守既是宪法实施的基本要求，也是宪法实施的基本方式，立宪者制宪的目的就是使宪法规范在社会生活中得到有效实施。同时，实施宪法使宪法得到全社会的遵守，也是法治的必然要求，是树立宪法权威和维护宪法尊严的重要途径。

2. 宪法监督制度

宪法监督制度是指特定的国家机关依据一定的程序，审查和裁决法律、法规和行政命令等规范性文件是否符合宪法，以维护宪法权威、保证宪法实施和保障公民宪法权利的制度。社会主义国家一般称为"宪法监督制度"，资本主义国家通常称作"违宪审查制度"或"违宪立法审查制度"。现代意义的宪法监督制度起源于美国 1803 年的马伯里诉麦迪逊案，美国联邦最高法院通过这一案件开创了由其审查联邦国会制定的法律是否符合联邦宪法的先例。绝大多数国家宪法对这一制度作了明确规定，极少数国家的宪法未作明确规定（如美国），而是由司法机关根据宪法的某些规定、本机关的职权及性质推导而来。

宪法监督制度与宪法保障制度、司法审查制度、宪法诉讼制度之间，既有联系又有区别。宪法保障制度的范围包括政治、经济、文化思想意识及法律等诸方面，宪法监督制度仅为宪法保障制度的一个重要方面；某些国家（如美国）受本国国情所决定，采用由普通司法机关通过司法程序审查法律、法规及行政命令等规范性文件是否符合宪法的司法机关监督体制，即司法审查制。可见，司法审查制度仅为宪法监督制度中的一种类型。在宪法监督中，有些国家由普通法院或者特设法院通过诉讼的方式审查违宪案件，通常把这种方式称为"宪法诉讼"。宪法诉讼是宪法监督中的一种形式。

宪法监督制度与违宪存在着密切的联系。建立宪法监督制度的目的，即在于撤销或者改变违宪的法律、法规及行政命令等规范性文件，以保证宪法的地位和权威。违宪有广义和狭义之分。就广义而言，是指国家的法律、法规、行政命令、行政措施以及国家机关或公民的行为与宪法的原则或内容相抵触；就狭义而言，是指国家的法律、法规、行政命令等规范性文件与宪法的规定、原则及精神相抵触。从各国建立宪法监督制度的目的和任务来看，它只用以解决宪法问题，而不解决法律问题，亦即当某一事项既是宪法问题，又是法律问题时，通常作为法律问题而不作为宪法问题进行处理。因此，在宪法学及宪法监督制度范畴内，违宪即指狭义违宪。

（1）宪法监督制度的主要内容

宪法监督制度主要涉及以下内容：

第一，审查法律、法规和规章等法律文件的合宪性。一国法律除了宪法以外，还包括法律、法规和规章等法律性文件，国家立法机关制定的法律、其他机关制定的法律性文件必须和宪法的原则精神相一致。如果它们同宪法相抵触，又使其发生法律效力，必然损害宪法的权威和尊严，影响宪法的实施。因此，通过监督，保障一切法律和法律性文件的合宪性是宪法实施监督的重要内容。

第二，审查宪法主体行为的合宪性。宪法的实施是通过宪法主体行为进行的，宪法主体行为是否合宪是宪法是否得到有效实施的重要标志。一切宪法主体的行为以宪法为根本准则，宪法就能得到较好的实施。相反，宪法主体行为如果背离宪法规范和宪法所确定的基本准则，宪法就不能得到有效实施。通过监督，保障宪法主体行为的合宪性是宪法实施监督的核心内容。目前世界上各国宪法通常都规定：一切国家机关和武装力量、各政党和各社会团体、各企业事业组织都必须遵守宪法和法律。一切违反宪法和法律的行为，必须予以追究。我国宪法第五条就是这样规定的。

（2）宪法监督的基本方式

宪法监督的基本方式可根据不同角度分为两大类：

①以被审查的对象是否已经生效为根据，可以分为事先审查、

事后审查及事先审查与事后审查相结合三种方式。

事先审查，又称预防性审查。这种方式通常适用于法律、法规和法律性文件的制定过程中。它是指在法律、法规和法律性文件尚未正式颁布实施之前，由有权机关对其是否合宪进行审查；如果在审查过程中发现其违宪，即予以立即修改、纠正。实行这种审查方式的国家，都把法律及法律性文件的合宪性作为审查的唯一内容。法国、伊朗、爱尔兰、瑞典等国家实行的就是这种方式。如爱尔兰宪法第二十六条规定，总统在同国务委员会磋商后，可将财政法案、修宪法案以外的任何法案，提交最高法院裁决该法案或者其中任一指定条款，或其中任何条款，是否与本宪法或本宪法中任何条款不一致；在最高法院宣布裁决前，总统不得签署之。这种方式的优点是，宪法监督机关工作积极主动，可以防止违宪的法律出台。其不足之处在于延误时间，影响立法工作效率。

事后审查，是指在法律、法规和法律性文件颁布之后，或者在特定行为产生实际影响之后，由有权机关对其是否合宪进行的审查。这种审查方式往往首先要由特定机关、组织或者个人提出合宪性审查的请求，但在有些国家，亦有主动审查，还有个别国家，其普通法院在具体的诉讼过程中，可以对涉及的法律附带进行事后审查。目前，德国、日本、奥地利、意大利等国的违宪审查方式，都属于这种类型。如德国基本法规定，德国宪法法院不但有权对特定的宪法或法律上的争议进行裁决，而且有权对任何公民就公务机关损害其宪法权利提出的宪法申诉进行裁决。1987年西班牙宪法第一百六十一至一百六十三条规定，宪法法院的职权是根据各方面的上诉对违宪的法律文件和公职人员的行为进行审理和裁决。具体包括：政府首相、护民官、50名参议员、50名众议员、自治区集体执行机构和自治区议会，可以就有关违宪问题向宪法法院上诉；政府对自治区机构作出的规定和决议有异议，可以向宪法法院上诉；司法机构在审判工作中，对所办案件的判决有决定作用的法律规定认为可能违宪，可以按法定条件和方式向宪法法院提出请求审定等。日本则由普通法院审查已经生效的法律和其他规范性文件以及特定国家机关的合宪性，这种审查是在具体的普通诉讼过程中附带进行的。事后审查的优点是尊重立法机关及其他国家机关实施宪法、行使法定职权的主动性，不足之处在于审查滞后，不利于预防和减少违宪事件的发生。

事先审查和事后审查相结合。有些国家为克服事先审查和事后审查的不足，采取了将二者相结合使用的方式，如泰国、瑞士、斯里兰卡、葡萄牙等国。1982年葡萄牙宪法规定，凡违反宪法条款或宪法所规定的原则的规定均为违宪规定，宪法法院有权就此作出裁决；宪法法院还有权根据上诉，对普通法院在审判活动中所作出的各项判决是否违宪作出裁决。这两种情况属于事后审查。该宪法还规定，对于提交总统批准的国际条约、法律等，总统得要求宪法法院就其任何正式规定的合宪性作出预先鉴定；对于呈请共和国各部部长签署的行政立法性法令或者关于普通法的条例性法令，各部部长亦可要求宪法法院就其任一正式规定的合宪性作出预先鉴定；如果宪法法院裁决某一法令或国际协定的任一正式规定违宪，共和国总统或部长应立即予以否决，并将该文退回原通过机关。这些规定明显属于事前审查。

②以审查的起因为根据，可以分为附带审查、起诉审查和提请审查三种方式。

附带审查。附带审查是指司法机关在审理案件过程中，因涉及拟适用的法律是否违宪的问题，而对该法律所进行的合宪性审查。特定的诉案是附带审查的前提，这是美国、日本等一些由司法机关负责监督宪法实施的国家进行违宪审查的唯一方式。

起诉审查。一般是指有关国家机关、社会组织或者公民个人在宪法规定的权力、权利受到侵犯或者可能受到侵犯时，依法诉请宪法监督机构对特定的法律进行的合宪性审查。起诉审查必须以存在接受宪法控诉的机关和宪法诉讼制度为前提。大多数国家的保障宪法实施的专门机关主要从事这种审查工作；有些国家的司法机关也依法进行此种审查。

提请审查。提请审查是指特定的国家机关或国家领导人依法将有异议的法律性文件或行为，提请该国的宪法监督实施机关进行合宪性审查。伊朗、斯里兰卡、葡萄牙等国存在这种违宪审查方式。

（3）宪法监督制度的类型

由于各国在国家性质、历史背景、政治体制及政治理念等方面存在差异，行使宪法监督权的国家机关有所不同，主要形成了三种不同的宪法监督体制，即最高国家权力机关监督制、司法机关监督制（又称司法审查制）、特设机关监督制。

①最高国家权力机关监督制

最高国家权力机关监督制是指由最高国家权力机关依照议事程序审查法律、法规及行政命令等规范性文件是否符合宪法的监督制度。信奉议会至上原则的一些资本主义国家曾经在18、19世纪采用过这类监督制度。英国"光荣革命"后，1689年的《权利法案》确立了议会至上的地位：表现在法律上，就是议会可以制定任何它所希望的法律，不管是宪法性法律还是普通法律，均由议会制定、修改，特别是对宪法性法律的修改，在"新法优于旧法"的原则支配下，便不存在发生违宪的问题。行政权和司法权均源于议会的创设或授予，其他的机关特别是法院也就不可能来行使宪法监督的权力，审查议会立法的合宪性。法兰西第三共和国也是将宪法监督权赋予代表机关来行使的。社会主义国家按照民主集中制原则，在国家机构中建立了最高国家权力机关，集中代表全国人民的意志和利益，拥有制宪权、修宪权、立法权、最高决策权、决定权及监督权，是人民行使国家权力的机关，因而在所有国家机关中居于最高的地位。由此种政治体制及政治理念所决定，自第一部社会主义宪法即苏俄宪法以来，社会主义国家都实行这一监督制度。由最高国家权力机关监督宪法具有最高性、全权性、权威性、附属性、一体性及非司法化性等特点。将宪法监督权力赋予代表机关行使比较容易，但代表机关要真正地去履行宪法监督的职责，还必须解决许多技术性问题，如代表机关休会期间，宪法监督权力如何行使，由谁来负责对违宪的立法及行为作出处理和制裁，代表机关对宪法的监督是由全体代表进行还是由一部分代表进行，按照什么程序进行等，这些问题能否解决及解决得如何，直接关系到代表机关对宪法监督的实现程度。从大多数国家宪法及法律的规定来看，无论是两院制的代表机关还是一院制的代表机关，也不论由两院共同行使或由一院的代表机关以召开全体会议的方式来行使宪法监督权，既不便利也不必要，监督宪法的事务性或技术性工作都是由代表机关所设立的专门委员会来完成的，特别是对法律的合宪性审查。这既有利于聘请专家参与，又有利于减轻代表机关的工作压力。罗马尼亚1975年宪法规定："为了对法律的合宪性执行监督，以及为通过法律进行准备工作，大国民议会选举在本届任期内的宪法与法律委员会。委员会就法律的合宪性提出报告或意见。"瑞典王国宪法规定，议会内部设立立法委员会负责监督宪法。

②司法机关监督制

司法机关监督制，又称司法审查制，是指由普通法院通过司法程序依照司法原则对正在审理的各类案件所涉及的作为该案件审理依据的法律、法规及行政命令等规范性文件的合宪性进行审查的监督制度。这一制度由美国首创，现代主要为一些英美法系国家所采用，这些国家的司法审查制多明确地规定在宪法当中，有直接的宪法根据。

司法机关监督制的基本做法是：普通法院在审理具体案件时，对该案件所涉及的作为该案件审理依据的法律、法规及行政命令等规范性文件，当事人及法院均有权对其合宪性提出质疑，法院经过审查，若认为违宪，有权在判决中拒绝适用。由普通法院的性质和地位所决定，它只能通过具体案件而不能抽象地对法律、法规及行政命令等规范性文件的合宪性进行审查；在具体案件中有权拒绝适用而无权撤销违宪的法律等规范性文件。从形式上看，法院的判决只具有个别效力，但由于英美法系国家奉行"先例约束原则"，法院的判决实际上具有一般效力。在美国，违宪审查权由联邦最高法院和州法院共同行使，联邦最高法院则是违宪审查的终审法院。日本1946年宪法第八条规定："最高法院为有权决定一切法律、法令、规则及处分是否符合宪法的终审法院。"至于下级法院是否有违宪审查权，宪法没有明确规定，宪法学界为此展开了长期的争论，但从立法和审判的实践来看，实际上是承认下级法院拥有违宪审查权的。有些国家，其宪法和法律明文规定，违宪审查权只有由最高法院来行使。如斯里兰卡宪法规定，最高法院是唯一解释宪法的机关，它对裁决法案或其条款是否同宪法相抵触拥有唯一的专属管辖权。委内瑞拉宪法第二百一十五条规定，最高法院的权力是"宣布与本宪法相抵触的州的法律……全部或部分无效"。普通法院行使违宪审查权一般按审理普通刑事、民事案件的程序来裁决法律的合宪性问题。在日本则设立专门的法庭，而在一些国家则通过召开法官全体会议的方式来裁决法律的合宪性问题，如刚果、利比亚等国。在审查方式上，采用司法审查制的国家，法院对法律合宪性的审查主要采用事后附带性的审查方式，申请法院对法律合宪性进行审查之人必须具备案件当事人的资格，法院对违宪审查权的行使只能在具体案件当中进行，即当事人之间发生的争议是现实已经发生或正在发生的，并且起诉到法院要求加以审查或解决的，这样，法院才能将其作为现实的案件来受理，并根据当事人在案件审理过程中的申请，对适用于该案件的法律及与该案有关的行为是否合乎宪法进行审查。审查的效力原则上不具有普遍性，即法院审查后认为某项法律违宪时，并不能直接地否认该法律的效力甚至公开地宣布对该项法律予以撤销，仅能拒绝将其适用于所审理的案件，对该案及诉讼当事人产生约束力。

在实践中，司法审查形成了一系列的原则，主要有：其一，审查权有限原则。依照三权分立的观念，任何机关和个人都不能有不受限制的权力，司法权自不例外。就司法审查来讲，所解决的是立法机关的立法，行政机关的决定、命令及行为是否合宪的问题，倘若法院不加以区别地全面干预立法、行政，势必会出现宪政问题。确立司法审查有限原则的目的在于：一方面，要保持法院对立法和行政机关的制约作用；另一方面，防止法院威胁立法和行政机关。其限制主要表现有：政治问题不审查、统治行为不审查等。其二，合宪性推定原则。根据这一原则，当发生对法律是否合乎宪法的疑问时，除非有明确的、肯定的依据表明某项法律确实违宪，否则应推定其合宪。此原则源于美国，日本的法院在行使违宪审查权时，也非常重视这一原则的运用。之所以坚持这一原则，基本的出发点是维护法律的稳定性，为法院对法律的适用提供一个坚实的基础。其三，诉讼身份限制原则。这一原则是和司法审查制的被动性、个案性紧密结合在一起的。公民要提起宪法诉讼，主张由法院裁决某项法律违宪，必须以案件当事人的身份，以该项法律的适用直接地侵害了本人的权利为前提，非直接的受害人不得提起此类诉讼，而且被认为是违宪的法律对自己权益的侵害必须是现实的，不能是理论上或抽象的。这一原则，使得行使司法审查权的法院只解决应由法院审判的纠纷，避免了法院与立法机关之间可能由此产生的正面冲突。其四，宪法问题回避原则。这一原则要求法院在审查具体案件时，应综合各方面的考虑，除必须进行违宪与否的审查之外，应尽量地采用其他特殊方式来处理该案件，回避作出宪法的判断，也就是首先应考虑有无采用宪法判断的可能性，对那些既可采用宪法判断，又可用非宪法判断的情况，应尽量采用非宪法判断。

③特设机关监督制

特设机关监督制是指由特设机关根据特定程序审查法律、法规及行政命令等规范性文件的合宪性，并有权撤销违宪的法律、法规及行政命令等规范性文件的监督制度。在大多数国家，该特设机关称为"宪法法院"，少数国家如法国称"宪法委员会"，独立于普通法院系统，其法官的产生也有别于普通法院的法官。特设机关既具有司法性，又具有政治性，一般拥有广泛的职权，如宪法监督权、宪法解释权、权限争议裁决权、弹劾案审判权、选举诉讼案件审判权等。这类监督制度主要实行于大陆法系国家，以德国为代表。一般认为宪法法院的雏形是法国1799年宪法规定设立的"护法元老院"。也有的认为是英国的贵族院和枢密院司法委员会，从理论上系统地阐述设立宪法法院来监督宪法实施的是奥地利学者凯尔森。他从法律效力的角度论证了设立宪法法院的必要性。受这种思想的影响，1919年10月，凯尔森参加起草的奥地利共和国宪法规定，设立专门的宪法法院，负责监督宪法的实施。

从目前有关国家的宪法规定及实际做法来看，宪法法院的组成有任命制和选举制两种类型。采用任命制的国家，有权任命宪法法院法官的有国家元首、议会（或议会议长）、法院及其他机关。如奥地利宪法法院由院长、副院长各1人、正式法官12人和候补法官6人组成，院长、副院长、6名正式法官、3名候补法官由联邦总统根据联邦政府的提名任命，其余的由国民议会推荐 3 名正式法官、2 名候补法官，联邦议会推荐 3 名正式法官、1 名候补法官，由总统加以任命。意大利组成宪法法院的 15 名法官，由总统、议会两院联席会议、最高法院各任命三分之一。法国宪法委员会的 9 名委员由总统、参议院议长、国民议会议长各任命 3 人组成。宪法法院的法官采用选举产生的典型国家是联邦德国。其宪法法院的 16 名法官，半数由联邦议院选出的 12 名选举人组成的选举委员会以三分之二的多数选举产生，另外的半数则由联邦参议院以三分之二的多数选举产生。各国宪法法院的职权主要包括：第一，审查法律法规的合宪性。宪法法院审查法律、法规的目的是维持国家法制的统一，审查依据当然是宪法。这种审查分为强制审查和申请审查两种。前者是指宪法明确规定了必须经宪法法院审查的法律、法规，当这些法律、法规制定时，有关机关必须先将其送交审查后才能予以通过。如法兰西第五共和国宪法规定，各项组织法、议会两院的议事规则及修正案在颁布之前，均应提交宪法委员会进行审查。申请审查是指宪法法院根据法律规定的申请人的申请而进行的审查。第二，解决公共权力机关之间的权限争端。宪法法院解决的公共权力机关之间的权限争端因各国宪政体制的不同而存在差异。根据奥地利有关法律的规定，公共权力机关发生的权限争端存在于这样一些官方机关之间：普通法院与行政法院之间；行政法院与其他法院之间；州与州之间，州与联邦之间；审计院与联邦政府或某一部门之间，人民律师院和联邦政府或某一个部门之间等。第三，监督选举和公民投票。尽管每个国家的选举及公民投票都要按法律的规定来进行，但因其政治性较强，所以采用宪法法院体制的国家多将宪法法院这个基本上是超党派的机关作为监督选举和公民投票活动是否有效的机关。如法国总统的选举，是由宪法委员会对参加总统竞选的候选人的资格进行审查，选举时，则派代表到各地巡视监督，处理选举中发生的一切问题。若总统候选人出现了问题，宪法委员会便可宣告延期进行或者重新进行选举。第四，对弹劾案进行审判。在绝大多数的国家，弹劾案由议会下院提出，上院进行审理。但设有宪法法院的国家，法律多规定由宪法法院负责对高级官吏弹劾案的审理。如意大利宪法规定，宪法法院审理根据宪法规定对共和国总统和各部部长提出的控告案件。审理弹劾案时，除宪法法院正式法官必须参加外，还要有16名由议会在联席会议上从符合当选为参议员要求的公民中选出的成员参加。第五，宣告或解散违宪的政党。二战以后，一些国家吸取法西斯政党破坏民主自由秩序的惨痛教训，将政党的活动也纳入到了宪法监督的范围。目前明确地赋予宪法法院拥有裁决政党是否违宪并给予解散权力的国家有德国与韩国。第六，受理宪法诉讼。从广义上讲，国家机关、联邦与其成员国之间的权限争端、选举诉讼均属于宪法诉讼的范畴。但我们这里所说的宪法诉讼仅指公民就宪法保障的基本权利受到国家机关的不法侵害而向宪法法院提出控告和起诉。建立宪法诉讼制度的代表性国家是德国。

二、宪法基本制度

（七）国家性质

1. 国家性质概述

国家性质是指通过特定的规范和宪法制度表现的一国在政治、经济和文化方面的基本特征，反映特定国家所实行的社会制度的根本属性。体现和制约一国国家性质的因素主要有三个方面：首先，社会各阶级在国家政治生活中的地位直接体现和决定着国家性质。其次，社会经济基础是国家性质根本的决定因素。再次，社会文化制度也是影响和体现国家性质的重要因素。国家性质在国家制度中具有重要的地位，国家制度是一个国家的统治阶级通过国家的法律、政策等确立的有关国家本质和国家形式的制度的总和，主要包括国体、政体、政权组织形式和国家结构形式等方面的内容。在国家制度中，国家性质即国体与国家形式的关系是内容和形式的关系，国家性质是国家制度的内在方面，是内容，它在本质上最终决定国家形式，政体、国家政权形式和国家结构形式是国家制度的形式方面，它们反映、体现国家性质。因此，国家性质是整个国家制度的核心，在国家制度中处于重要地位。

2018 年 2 月，习近平在十九届中共中央政治局第四次集体学习时强调："宪法是国家根本法，是国家各种制度和法律法规的总依据。"宪法是治国安邦的总章程，与国家具有十分密切的关系，也被称为国家法。国家性质是国家的根本属性，宪法同样与国家性质有着十分密切的关系。（1）宪法的产生是近现代国家维护阶级统治的需要。资产阶级在取得反封建的革命胜利后，为了维护革命成果，巩固本阶级的政权，将在革命中提出的"主权在民""法律面前人人平等"等革命口号作为宪法原则在宪法中进行了确认，并赋予其最高法律效力。资产阶级需要通过法律使其政权合法化，而宪法则是资产阶级国家政权合法化的最好形式。无产阶级在取得了胜利后，也继承了宪法这一近代人类文明成果，制定了自己的宪法，一方面通过宪法使无产阶级国家政权合法化，另一方面利用宪法反对资产阶级的颠覆破坏，巩固新生政权。宪法作为近现代国家维护阶级统治需要的产物，其性质和内容取决于近现代国家的性质，即有什么性质的近现代国家就有与之相适应的不同性质的近现代国家宪法。（2）规定国家性质是近现代宪法的重要内容。由于宪法是作为适应近现代国家维护阶级统治需要而产生的，因此近现代世界各国宪法都把国家性质作为宪法的重要内容之一进行了直接或间接的规定。如 1982 年葡萄牙共和国宪法规定："葡萄牙是独立自主的共和国，以人民尊严和人民意志为基础，并致力于向无产阶级社会的转变。"1978年也门民主人民共和国宪法规定："也门民主人民共和国是享有主权的人民共和国，是一个代表工人、农民、知识分子、小资产阶级和所有劳动者利益的国家。"由于各国奉行的国家理论和具体国情不同，近现代宪法对国家性质的规定方式也不尽相同。综观各国宪法的规定，大致可分为两种情形：一是真实明确地规定国家的阶级性质。如1918年的苏俄宪法明确规定，俄国为工兵农代表苏维埃共和国，中央和地方全部政权归苏维埃掌握。二是不直接规定国家的阶级性质，而是以一般抽象的词句来表示。如法国1787年的《人权宣言》规定了人民主权原则，宣布法律是人民公意的体现，整个主权原本寄托于国民。

2. 国家的基本经济制度

经济制度是一国通过宪法和法律调整以生产资料所有制形式为核心的各种基本经济关系的规则、原则和政策的总和。近代意义的宪法产生以来，经济制度便成为宪法必不可少的内容。概括来说，经济制度的各个主要方面，如生产资料的所有制形式、各种经济成分以及国家对它们的基本政策、国家发展经济的基本方针、国家管理经济的基本原则等，都可能成为宪法调整的对象。当然，不同国家不同时代的宪法，对经济制度的规定具有较大的差异性。

宪法与经济制度的关系可以从三个方面来理解：（1）宪法是经济基础深刻变革的产物。在人类文明史上，与一定生产力发展水平相联系的每一种社会经济形态，都有与之适应的政治、法律制度。因此，制定一部宪法以保障公民权利、制约国家权力，把人们在经济生活中的关系制度化，使之获得高度的权威性和稳定性，就显得十分重要。宪法就是在社会经济形态进入商品经济阶段，发生革命性变革的情况下，经资产阶级革命创造出来的。

（2）宪法是经济基础法制化的基本形式。特定的经济基础形成后，不仅有其观念表现形式，也有其制度表现形式；不仅通过政治制度得到反映，也通过法律制度获得体现。宪法作为国家的根本法，是国家制定法律、政策与措施的立法依据，是一切国家机关与公职人员的根本的行为准则。在各种法律、法规和政策等经济基础制度化的形式中，宪法是确认经济基础、调整经济关系的最重要、最基本的形式。宪法确认经济基础、调整经济关系的制度构成一国的基本经济制度。（3）宪法与经济基础是内容与形式的关系。现实的经济基础是宪法的内容，宪法所确定的经济制度则是现实的经济基础的再现形式。宪法的性质和面貌决定于社会的经济基础，宪法关于经济制度的规范反映并服务于经济基础。因此，当现实的经济基础发生变化时，宪法只能规定社会的基本经济制度，不应当以过于详尽具体的条款把不断变化发展的经济生活凝固化。

资本主义宪法的经济中立原则。宪法产生于自由市场经济时期，个人权利与自由受到强调，政府奉行不干预市场、放任经济自由发展的政策。英国、美国和法国的宪法都对经济事务保持中立，没有关于经济制度的一般规定。规定较多的则是"私有财产神圣不可侵犯"这一原则。另外，这些宪法大都着重从公民权利的角度间接反映国家的基本经济制度，而极少直接规定国家发展经济的方针和政策。即使在当代，美国和其他一些西方国家在解释宪法时，也都倾向于在经济政策问题上保持中立。19世纪末20世纪初，各主要资本主义国家先后完成从自由资本主义向垄断资本主义的过渡。这些国家的宪法对经济制度的规定也相应地发生了明显的变化。以 1919 年德国《魏玛宪法》为例，这些变化具体表现在：为了强化国家对经济的干预，国家的经济立法权和行政权大为扩展；为了适应垄断资本主义社会化大生产的需要，原先备受推崇的"私有财产神圣不可侵犯"的原则开始受到某些限制；为了反映资本主义国家经济社会化的要求，宪法从只确认公民财产权利逐渐向全面肯定包括财产权在内的各种社会权利过渡；为了强化经济制度的宪法地位，宪法开始用专章、专节或者更多的条款对国家经济制度作出全面系统的规定。

社会主义宪法对经济基础的确认。一方面，明确宣告公有制是社会主义制度的经济基础，国家保护公有财产神圣不可侵犯，从而与资本主义宪法形成鲜明的对照。另一方面，社会主义宪法不仅宣告实行生产资料公有制，而且全面规定了经济体制、分配原则、国家发展经济的基本方针、政策以及经营管理方式等内容。

当代各国宪法对经济制度的规定具有以下特征：（1）不少资本主义国家意识到经济计划对发展国民经济的重要作用，并以宪法加以肯定。如法国 1958 年宪法创设经济和社会委员会，并规定它的主要职责是加强对国民经济的计划管理。（2）福利政策成为一些发达资本主义国家经济制度的最主要部分，并被规定在宪法中。如荷兰 1983 年宪法规定：政府关心促进充分就业的机会；政府关心保障国民的生计和财富分配；政府关心维护国民居住条件，保护和改善环境；政府应采取措施增进国民健康；政府应时刻关心教育。（3）许多国家开始关注经济环境的建设和改善，并将它写入宪法。如 1993 年俄罗斯宪法第九条规定"在俄罗斯联邦，土地和其他自然资源作为居住在相应地区的各民族人民的生活与活动的基础而被加以利用和保护"等。（4）为了摆脱苏联经济模式，一些社会主义国家在宪法中确立了社会主义经济体制改革的基本原则。（5）一些民族民主主义国家宪法所确定的经济制度具有"泛社会主义"倾向。如 1973 年叙利亚宪法第一条规定，叙利亚是"人民民主和社会主义的主权国家"，第十三条规定"国家经济是社会主义计划经济，力求消灭一切剥削"。

3. 国家的基本文化制度

文化制度是一国通过宪法和法律调整以社会意识形态为核心的各种基本文化关系的规则、原则和政策的总和。不同性质的国家，基本文化制度各不相同。文化制度从一个侧面反映着国家性质。近代意义的宪法产生以来，文化制度便成为宪法不可缺少的重要内容。但是，不同国家的宪法以及同一国家不同历史时期的宪法，对文化制度的规定具有很大的差异。

早期资产阶级宪法或宪法性文件对文化制度的规定具有以下特点：第一，内容较少，仅限于著作权、教育等几个方面。第二，大多从公民权利的角度间接反映文化制度的某些内容，对国家发展文化的政策规定较少。第三，社会意识形态的基本原则大多来自于资产阶级启蒙思想家的自然法学说，因而强调人民主权、天赋人权等。随着自由资本主义向垄断资本主义过渡，资本主义国家的文化制度日趋完善，宪法对文化制度的规定也随之丰富起来。比较典型的是德国 1919 年《魏玛宪法》，其不仅比较详细地规定了公民的文化权利，而且还明确规定了国家的基本文化政策。二战后，世界各国宪法关于文化制度的规定大体可分为三种类型，即资本主义的文化制度、社会主义的文化制度和民族民主主义的文化制度。尽管这三种类型有着一定的区别，但也有一些共通的地方，主要内容包括：第一，国家的基本文化政策。第二，发展教育事业。如1986年菲律宾宪法规定：一切教育机构应受国家合理的监督和管理；国家应建立、保持和支持一个适应人民和社会需要的、完全的、综合的教育制度。第三，发展科学事业。如1947年意大利宪法规定：共和国鼓励文化、科学和技术研究的发展。第四，发展文学艺术事业。如1947年葡萄牙宪法规定：支持创新精神以激发个人和集体的表现形式多种多样的创造力，使优秀作品与文化财富得到更广泛的传播。第五，发展教育、卫生事业，增强人民体质。第六，保护文物等历史文化遗产。第七，意识形态的基本原则。

（八）国家形式

国家形式是一国统治阶级实现国家权力的形式，包括国家政权组织形式和国家结构形式。国家性质决定国家形式，国家形式反映并制约国家性质。

1. 政权组织形式

政权组织形式是指特定社会的统治者采取何种原则和方法去组织政权机关的制度。现代国家的政权组织形式分为立宪君主制的政权形式和共和制的政权组织形式。由于君主权力所受限制的程度不同，因而在立宪君主制下产生了二元君主立宪制和议会君主立宪制两种政权组织形式。前者的主要特征是，虽然君主的权力受到宪法和议会的限制，但这种限制的力量非常弱小，君主仍然掌握着极大的权力。现代国家中，只有约旦、沙特阿拉伯等极少数国家实行这类政权组织形式。议会君主立宪制的主要特征在于，君主的权力受到宪法和议会的严格限制，以至于君主行使的只是一些形式上的或者礼仪性的职权，君主对议会、内阁、法院没有实际控制能力。现代国家中英国、荷兰、比利时和日本等都是这类政权组织形式。

共和制的政权组织形式在西方主要有议会共和制和总统共和制两种。前者由在议会中占多数席位的政党组织政府，政府对议会负责；后者由通过民选的总统组织政府。议会共和制的主要特征在于，议会由选民选举产生，政府由获得议会下院多数席位的政党或构成多数席位的几个政党联合组成；议会与政府相互渗透，政府成员一般由议员兼任，议会可通过不信任案迫使政府辞职，政府可解散议会。意大利是典型的议会共和制国家。总统共和制的主要特征表现为：国家设有总统，总统既是国家元首又是政府首脑；总统由民选产生，不对议会负责，议会不能通过不信任案迫使总统辞职，总统也无权解散议会。美国是典型的总统制国家。此外，还有委员会制国家，典型的如瑞士，以及半总统半议会制，典型的如法国、俄罗斯。

社会主义国家实行人民代表制。这种单一化的政权组织形式是由社会主义国家的一切权力属于人民决定的。人民代表制的主要特征在于，由选民选举代表组成行使国家权力的人民代表机关，各级国家行政机关和其他国家机关，由同级人民代表机关选举产生，对它负责，受它监督；人民代表机关在整个国家机关体系中居于主导地位。

2. 国家结构形式

国家结构形式是指国家按照一定的原则，在其领土范围内划分区域，调整国家整体与组成部分之间相互关系的制度。统治阶级为了维护自己的政治、经济统治，不仅需要建立与自身要求相适应的政权组织形式，还要根据本国国情采取适当的国家结构形式。因此，国家结构形式与政权组织形式都属于国家形式。

现代国家的结构形式主要有两大类：单一制和联邦制。

单一制是指国家由若干普通行政单位或自治单位、特别行政区等组成，各组成单位都是国家不可分割的一部分的国家结构形式。其基本标志是：全国只有一部宪法，只有一个中央国家机关体系；每个公民只有一个统一的国籍；各组成部分不可分离；国家是唯一的国际法主体，享有完全独立的国家主权。按照地方政府享有中央政府授予权力的范围及程度为标准，单一制国家可分为中央集权型、地方自治型与均权型三种形态。

中央集权型的单一制国家，区域性政府仅具有行政主体的性质，直接受作为全国性政府的中央政府控制，公共事务的最终决定权不管是涉及全国性的还是地方性的，都掌握在中央政府的手中，地方政府的行政长官往往源于中央政府或上级政府的任命，因而只对上级行政机关负责。此种类型的典型是法国。

地方自治型是指由地方人民选举产生的地方政权机关对纯属地方性事务进行管理，地方政权机关是一个拥有自身权利义务，具有相对独立性的公共团体。属于地方自治型单一制的国家以日本和英国为代表。

均权型则集合了上述两种类型的优点。

联邦制指由两个或两个以上的联邦组成单位组成联盟国家的国家结构形式。其基本标志是：联邦和成员国分别有自己的宪法和法律，以及各自的国家机关主体；公民具有双重国籍；联邦的最高立法机关通常采用两院制，其中一院由联邦成员国选派代表组成；各成员国加入联邦后不再有完全独立的主权和外交权。联邦及其成员国权力划分的方式一般有三种：

（1）联邦列举、成员国概括保留。采用这种划分权力方式的联邦制国家，在联邦宪法中仅列举联邦政府的权限，不列举成员政府的权限，凡宪法未明确授予联邦的权力，即为成员国政府所保留。美国、瑞士即为此类。

（2）明确列举成员国的权力，未列举成员国行使的权力，概由联邦加以行使，此方面的典型代表是加拿大。

（3）对联邦和成员国享有的权力由宪法同时加以列举，其目的是为了避免或减少对联邦或成员国政府权限的概括保留所引起的联邦与成员国之间的权限冲突，其代表性国家有印度和委内瑞拉。基于上述权力的划分，联邦制国家一般可分为中央集权型的国家与分权型的国家。前者的代表有巴基斯坦、印度、马来西亚等国，后者的代表有美国、加拿大、奥地利、德国等。

此外，还有一些国家基于某种目的而组成的国家联合，虽然不是严格意义上的国家结构形式，但与国家结构形式存在一定的联系。这些形式主要有邦联、君合国、政合国等。

邦联是指若干主权独立的国家为实现某种共同目的而结成的

松散的国家联盟。这种联盟一般以条约为基础。邦联不是一个主权国家，没有统一的宪法、国家机关、军队等，各成员国保留自己独立的国家主权。历史上著名的邦联有 1776～1787 年的北美、1815～1848 年的瑞士同盟等。

君合国又称"人合国""身合国"或"两合君主国"，是指两个君主国由一个君主实行统治的国家联合。在这种情况下，两国共拥一个国际交往的主体，但每个成员国又拥有自己的宪法、议会和政府，保持一定程度的独立性。如 1867 年的奥匈帝国。

政合国又称"物合国"，是指两个或者两个以上的国家在缔结条约基础上组成的国家联合。在这种形式下，各成员国之间有统一的宪法和国家机关，有同一个国家元首，并对军事、外交、财政等事务进行统一管理，对外是国际关系中的主体，但又分别有自己的宪法、议会和政府，彼此之间有相对的独立性，如 1814～1905 年瑞典与挪威的国家联合等。

（九）公民的基本权利与义务

1. 公民基本权利与义务概述

（1）公民

公民通常是指具有某个国家国籍的自然人。"公民"来源于古希腊城邦国家，本意是市民，代表着政治和经济上的一种特权地位。在古希腊，公民享有广泛的权利，但奴隶、妇女和异邦人不能成为公民。到封建专制时代，君主主宰一切，其他社会成员只能对君主尽义务，不能享有国家权利，"公民"概念被"臣民"概念所取代。"公民"这个普遍适用于社会全体成员的称谓是从资产阶级革命和资产阶级国家建立时开始使用的。

现代各国宪法中，"公民"一词的含义可作如下两方面的理解：

一是公民资格取得的基础。各国宪法及法律关于公民资格的取得，普遍规定为继有取得和原始取得两种方式。继有取得的条件及程序，宪法与法律都规定得比较明确，但在公民资格的取得方式中居于次要和补充的地位，比较普遍和重要的是原始取得的方式。在原始取得的方式中，各国采用的原则有：出生地主义原则，血统主义原则，以及两种方式结合的原则。根据我国国籍法的规定，中国国籍坚持血统主义与出生地主义相结合的原则，不承认双重国籍原则，坚持男女平等和民族平等原则。取得中国国籍有以下两种情形：第一，父母至少一方为中国公民，且本人出生在中国或虽出生在外国但尚无外国国籍；第二，父母无国籍或国籍不明，定居在中国，本人出生在中国的。有权申请加入中国国籍的外国人或无国籍人包括：中国人的近亲属；定居在中国的；有其他正当理由的，如婚姻、收养等事实。具备下列条件之一者有权申请退出中国国籍：外国人的近亲属；定居在外国的人；其他正当理由。此外，禁止国家工作人员和现役军人退出中国国籍。

二是"公民"一词在宪法中的含义。近代以来随着民主政治的完善和民主观念的深入人心，"公民"一词的内涵已经逐渐地抛弃了过多的承载而简化为具有一个国家国籍的人。但在不同的语境下，公民代表的含义往往不同。有时"公民"被视作整体来看待，如不少国家宪法规定的"主权在民""民有、民享、民治"，即是从整体来理解公民的。有时"公民"被视作部分来看待，凡宪法中规定"公民复决""公民投票"等，此时的公民仅指有选举权的那一部分公民。有时"公民"被视作个体来看待，指每一个自然人，各国宪法中所规定的"公民的基本权利和义务"就是指此种意义上的公民。

在我国，"公民"和"人民"是两个不同的概念，区别在于：一是范畴不同。公民是与外国人相对应的法律概念；人民是与敌人相对应的政治概念。人民在不同的时期有着不同的内容。二是范围不同。我国公民的范围较人民的范围更加广泛。三是后果不同，公民中的人民，享有宪法和法律规定的一切权利并履行全部义务；公民中的敌人，则不能享有全部权利，也不能履行公民的某些光荣义务。

（2）基本权利与义务

权利、义务都有广义与狭义之分。如人权首先是指作为人应当享有的自然权利，这种权利不一定是法律上的权利，是一种应然权利，是广义的权利，此为人权的本意。法律权利只是狭义的权利，现有的权利。公民的基本权利是指由宪法规定的公民享有的必不可少的某些权益，是公民实施某一行为的可能性。公民的基本义务是指由宪法规定的公民必须遵守和应尽的根本责任。公民的基本权利与基本义务是紧密相连的，但却不一定是一一对应关系。它们之间的关系主要表现在三个方面：一是基本权利的享有主体和基本义务的承担主体之间具有同一性和具体法律关系上的非同一性。一般而言，两者存在着同一关系，因为从总体上讲，任何公民既是基本权利的享有主体，同时也是一定的基本义务的承担主体，不允许只享有基本权利而不履行基本义务的特权的存在。但这并不意味着两者所处法律关系的同一性，因为无论是基本权利还是基本义务，其所处的法律关系主要是公民与国家之间的法律关系，作为基本权利享有主体的公民所享有的权利是对国家的权利，作为基本义务承担主体的公民所承担的义务也主要是对国家的义务，因而两者在具体法律关系中又不具有同一性。二是基本权利的内容与基本义务之间具有总体上的平衡和具体法律关系上的不对等性。基于社会契约理论，公民的基本权利与基本义务在总体上应当是平衡的，在特定的情形下，基本权利和基本义务在内容上可能具有统一性。三是在具体法律关系上，公民的基本义务是对公民基本权利的一种限制。

从宪法与宪政的角度来说，公民权利与国家权力之间的关系可以表述为：公民权利产生并制约国家权力，国家权力为公民权利服务。从各国宪法、法律的有关规定及其政治实践看，对公民权利和自由的保障主要表现为物质保障、政治保障和法律保障。同时，公民的基本权利和自由不是绝对的，而是有限制的，除最终受制于社会经济结构以及由经济结构所决定的文化发展外，还受到不得妨碍他人的权利和自由，不违反国家承认的公民权利和自由的目的等因素的制约。

公民权与人权的区别也是基本权利与基本义务必须认真研究的一个问题。资产阶级通常在两种意义上理解人权：一是自然法意义上的人权，是指作为人享有或应该享有的自由、平等的权利。二是实在法意义上的人权，是指宪法中规定的公民的基本权利和自由。无产阶级认为人权是有阶级性和社会性的，是具体的和发展的。从历史上看，人权的内容经历了一个从自由权利到社会经济权利、从国内人权到国际人权的发展过程。但是无论如何，人权是从人的本性发展起来的，而人的本性是人所共有的，因此，人权是指人之所以为人享有或应该享有的权益，所体现的是对人的价值和尊严的尊重，侧重于从道德或政治的角度探讨人应当享有的基本权益。公民权则是从法律角度界定人的自由和可享受的利益，由国家宪法和法律确认，由国家强制力保障实现。公民权由人权派生，是人权重要的政治法律表现，公民权的初始状态就是人权，人权是公民权构成的基础和源泉。公民权与人权主要有以下区别：①性质不同。公民权是一种法律权利，人权是一种道德权利。②范围不同。公民权相对人权的范围要小。③产生时间不同。公民权观念比人权观念产生的时间要早得多。④可操作性不同。人权比较原则和抽象，而公民权则比较具体和明确。⑤人权有个人人权和集体人权之分，公民权仅指公民个人的权利。⑥人权既有国内的一面，又有国际的一面，而公民权则完全是国内的范畴。

将公民基本权利写入宪法的原因是多方面的，主要的原因在于只有将公民基本权利写入宪法，宪法才能成为人权宪法，国家存在的最基本的、首要的目的及相应的职权职责才能得以明确，公民独立和自由地追求幸福、发展自己人格所需要的基础性条件才能得以满足，国家权力的行使才能有一个明确的标准可供遵循，国家权力才可能受到实质意义上的认同。在宪法中写入公民基本权利，其根本目的在于保护公民基本权利不受国家机关、社会团体和个人的干涉，在于促使国家积极采取措施，为公民基本权利和自由的实现创造条件、提供机会。

总的来讲，宪法产生以来，关于公民权利内容的规定经历了从自由权、参政权到社会权这样几个发展阶段。①自由权、参政权时期。在这一时期，很多国家将争取人身自由和发展资本主义经济的自由作为革命的基本目标，革命胜利后，又用宪法对其所主张的自由作了集中的规定。如英国1679年颁布的《人身保护律》、1689年制定的《权利法案》，主要内容就是规定人身自由及其保障，以此来对付专横的王权。再如被称为"权利法案"的美国宪法前十条修正案，列举了公民享有言论、出版自由，请愿、宗教信仰自由，私有财产、人身和住宅不受侵犯，规定了对公民人身自由保障的严密的司法程序等。资本主义国家建立后，资产阶级上升为统治阶级，垄断了国家政权，同时也对参政权给予了承认和保护。参政权的内容主要包括选举权、罢免权、创制权、复决权以及抵抗权等，根本目的在于要彻底地改变资产阶级在封建时代那种经济上受束缚，政治上受压迫的地位，使得资产阶级能够全面地控制国家权力，维护资本主义经济的发展和资产阶级统治的稳固。②社会权时期。宪法对公民权利的规定发展到社会权时期是资本主义自由竞争发展到垄断而导致的资本主义社会化和社会立法的产物。使公民权利的内容发展到社会权阶段，其标志是德国1919年《魏玛宪法》。该宪法由两编组成，其中第二编为"德国人民的基本权利和基本义务"，除规定传统的自由权及参政权外，另有两章专门规定公民享有的经济文化权利，主要有：所有权、继承权受宪法和法律保障，规定劳动受国家保护，国家应对劳动者制定保险制度，保护公民的健康和工作能力；

规定国家应保护培植艺术、科学及其学理的自由，并应对著作权、发明权予以扶持和扶助，公民可免费享受八年的义务教育等。二战后，许多国家都作出了类似的规定。

2. 公民基本权利与义务的内容

（1）公民的基本权利

①平等权

作为一项受到宪法保障的基本权利，平等权是指公民平等地享有宪法、法律规定的权利，平等地受到法律的保护或制裁。平等权提出的直接基础是英国的洛克和法国的启蒙主义者所宣扬的"天赋人权"的主张。最早对平等权给予确认的是 1789 年法国的《人权宣言》，它规定："法律对于所有的人，无论是施行保护或处罚都是一样的。在法律面前，所有公民都是平等的，故他们都能平等地按其能力担任一切官职、公共职位和职务。除德行和才能上的差别外，不得有其他差别。"此后，平等权得到了各国宪法的普遍确认，并成为一项重要的法治原则。一般而言，平等权的法律含义是：公民平等地享有权利，平等地履行义务；公民平等地受到法律的保障或制裁；公民平等地在法律规定的范围内享有权利，履行义务，既不能超出法律主张的权利，也不能承担法律规定之外的义务或受到法律规定以外的制裁。

②自由权

对自由权的确认和保障，是近代以来各国宪法的重要内容，其目的在于防止专制，并为其他权利的实现创造条件。各国宪法规定的自由权，按其所涉及的对象及具有的性质，分为人身自由、表现自由等。

　　人身自由是指身体自由，广义的除身体自由外，还包括人格尊严不受侵犯、住宅不受侵犯、迁徙自由、通信自由和秘密受法律保护（隐私权）。人格尊严不受侵犯是指公民的人格应受到社会和他人的尊重而不能给予侵犯。人格是人在对自己的存在及意义的认识基础上而形成的维护其生命个体存在、实现其生命价值的资格，是人区别于动物并具有社会属性的内在根据，也是人能够享有权利、履行义务及承担责任的内在根据。一般人格权应包括人格独立、身体权、姓名权、肖像权、名誉权、信用权、人身自由权、贞操权、隐私权及著作人身权等。住宅不受侵犯是指任何机关或个人非经主人许可或有法律上的根据，不得随意地强行侵入或搜查公民的住宅。迁徙自由是近代商品经济市场竞争和劳动力买卖的必然产物，同时也是商品经济存在和向深入发展的必备条件。迁徙自由包括国内和国外两个方面，就国内来讲，包括在联邦制的国家从一邦迁移至另一邦，除了依照法律规定的条件和程序外，迁入地不得向迁入该地的公民要求保证金或对其科以任何特别费用。就国际来讲，迁徙自由是指移居国外及出入国境的自由，甚至在日本还包括脱离国籍的自由。为此，一些国家的宪法禁止剥夺公民的国籍或将公民驱逐出境，如马来西亚；不得剥夺公民出境后返回国家的权利，如孟加拉、土耳其。通信自由与秘密受法律保护是实现人类所具有的交往需要的一种措施，各国宪法均在承认人民有通信自由和秘密的前提下，规定得由法律及法院的合法命令才能加以限制。人身自由是公民在国家和社会中主体地位的法律表现，更是公民参加各种社会活动和享受其他权利的前提条件。它的实现和受保障的程度体现了一个国家的民主自由程度。狭义的人身自由，是指在不违反法律的范围内，每个人均有直接支配自己身体而不受非法逮捕、审讯、惩处及限制的自由。最早对人身自由给予确认的是英国 1215 年的《自由大宪章》，它规定任何自由民除经其本地贵族之合法判决，或经本国法律之判决外，不得加以逮捕、监禁或将其流放，或加以伤害。后来的美国宪法可以说是此方面的集大成者。综观各国宪法，对公民人身自由的确认及保障主要有如下的内容及制度：第一，禁止对公民人身的奴役。对个人人身的奴役在人类历史的进程中曾普遍存在于奴隶制和封建制社会中。第二，限制或剥夺公民的人身自由必须符合法定的条件和程序。各国宪法普遍规定，禁止立法机关通过溯及既往的法律；非依法律或正当的法律程序，不得剥夺公民的生命、自由或财产。第三，对刑事被告提供特别的保障。

表现自由指公民表现其意志的自由，根据公民在表现其意志时所采取的方式，它可以分为言论与出版自由、学术自由、结社自由及游行、示威自由等几个方面。表现自由不仅是公民的基本权利，而且是重要的民主制度。言论与出版自由是资产阶级在反对封建专制斗争中，为摆脱封建专制对人们思想的钳制和对舆论的束缚，宣传资产阶级的民主思想和民主制度而提出的。法国《人权宣言》宣称："自由传达思想和意见是人类最宝贵的权利之一，因此，各个公民都有言论、著述和出版自由。"美国宪法修正案第一条规定："国会不得制定关于下列事项的法律……剥夺人民言论的自由。"意大利宪法规定："每人均有以口头、书面及他种传播思想之方法自由表达其思想之权利。"学术自由是指公民享有的在科学研究和学术文化领域内研究学问、讲授学问和发表学问的权利。最早规定该项自由的是《魏玛宪法》："艺术、科学及其学理为自由，国家应予以保护及培植。"二战后，各国宪法均有此项规定。对公民学术自由的保障，除了体现于各国普遍建立的知识产权制度之外，还体现于不少国家所实行的大学自治制度上。美国联邦法院关于大学自治的判例极多。结社自由是指公民为实现一定的宗旨而结成某种持续性的社会团体的自由。较早在宪法上确认公民有结社自由权的是比利时1831年宪法，它规定："比利时人民有自由结社的权利，不受任何限制。"从各国宪法及法律的规定来看，公民结社自由有几个方面的规定：第一，结社的宗旨应合法。第二，结社自由的主体为本国公民，尤其是政治性的结社不允许外国公民参加。第三，对特种结社规定了组织活动的原则。如德国基本法要求，政党的内部组织必须符合民主原则；法国宪法规定，各政党必须遵守国家主权原则和民主原则；巴西1967年宪法为政党确立的组织活动原则达八项之多。集会、游行、示威自由均是指多个公民聚集在一起采取集体行动，共同表达其思想和意愿的自由，不同的只是所表达的思想和意愿的程度及采取的方式存在着差异。集会、游行、示威自由在英国起源于《自由大宪章》和《权利法案》确认的臣民向国会请愿的权利；在法国则蕴含于1789年《人权宣言》规定的"意见的发表""自由传达思想和意见"的人权之中；美国的宪法修正案第一条则是用"和平集会"的说法最早对公民的集会、游行、示威自由给予了宪法上的肯定。宗教信仰自由包括对宗教教义信仰的自由和参加宗教仪式的自由两个方面，各国对于宗教信仰自由的规定，所涉及的内容主要有：第一，宗教与国家分离。第二，宗教与政治和法律分离，公民无论信仰与否以及信仰任何宗教都不影响其在政治和法律上的平等地位，更不能据此而使公民受到政治或法律上的差别对待。第三，宗教与教育相分离。

③参政权

参政权，既包括公民参加国家机关的组织和国家统治权的行使方面的权利，也包括地方居民参加地方自治权行使方面的权利。具体包括选举权与被选举权、罢免权、创制权、复决权。选举权是公民依法享有的选举代议机关的代表和国家机关公职人员的权利。被选举权是公民享有的依法被选举为代议机关和国家机关公职人员的权利。对选举产生之代表或公职人员，当其不称职时在任期未届满之前，以投票方式，免去其资格或职务的权利，就是公民所享有的罢免权。世界各国对于罢免制度的规定主要有这样几个方面：第一，行使罢免权的主体。有的国家规定由全民所有，有的规定按选区选举的由选民行使。第二，罢免权行使的对象。一般而言，罢免对象仅限于民意代表、行政官吏，而法官多不能以罢免而去任，这涉及司法独立。第三，罢免案提出，须达到法定公民的认可或连署。创制权是公民享有针对立法机关应制定或修改之法律，当其不制定或修改时，可提出原则或建议，促使立法机关制定、修改为法案，议决为法律的权利。创制权的源头是古希腊的公民大会的直接立法，现在有意大利、爱尔兰等国实行这一制度。复决权是公民享有的对立法机关议决的宪法修正案或法律案，通过投票来决定其能否最终生效的权利。当今世界，除法国外，实行公民复决的还有瑞士、日本、意大利、奥地利、爱尔兰、阿尔及利亚等国。

④社会权

社会权是公民享有的为维持其生存和进行正常的社会交往方面的权利，这些权利，许多能使公民获得直接的物质上的利益，它们的实现更有赖于国家或社会所提供的物质保障。主要包括生存权、财产权、劳动权、罢工权、休息权与物质帮助权等。

生存权在最早的几部宪法中均有规定，但其实现与保障方面，是随着各国社会保障立法的普遍化及大量的有关生存权判例的产生而受到人们重视的。财产权是指公民对其拥有的合法财产有占有、使用、收益和处分的权利。各国宪法对于财产权的规定经历了一个无限制向有限制转变的过程。劳动权是指有劳动能力的公民享有获得就业及取得相应的劳动报酬的权利。罢工权又称罢工自由，是指劳动者联合起来集体停止工作以实现增加工资或减少工作时间以及其他经济要求的权利。法律对公民罢工权的确认主要有两种方式：一是日本、法国、意大利等国在宪法中或直接规定公民有罢工自由，或将罢工权作为集体交涉及其他集体行动权的组成部分间接加以承认。二是宪法中没有关于罢工权的规定，但在单行的法律、法规如劳动法、工会法中详细地规定了罢工自由的内容，代表性的国家有英国、美国、印度等国。休息权是劳动者在进行一定阶段的劳动之后所享有的休息和休养的权利。物质帮助权从性质上讲实际是公民所享有的一种社会保障权，具体是指公民因年老、疾病、伤残等原因丧失劳动能力或因暂时失去工作而致使生活发生困难时，享有国家和社会提供的物质帮助，以保证其基本生活需求的权利。从各国的实践来看，公民物质帮助权的实现主要通过国家建立社会保障制度给予保障。

（2）公民的基本义务

宪法上规定基本义务较宪法对于基本权利的规定要晚一些，世界上第一部成文宪法美国宪法，在1791年增加的前十条修正案中，都是对公民基本权利的确认，因而被习惯地称之为美国宪法的"权利法案"；法国1791年宪法将大革命中产生的《人权宣言》附在前面为序言，也鲜有义务的内容。进入20世纪后，随着社会生活的复杂化，人与人之间、个人与集体之间相互合作、共谋发展的重要性日益突出，各国宪法开始对于基本义务进行规定，体现了权利义务之间密不可分的关系及人们对于这种关系的深刻体认。最主要的公民基本义务主要包括纳税义务、服兵役义务及其他义务。

①纳税义务

公民纳税是国家维护其基本职能的基础。一般认为，最先规定公民有纳税义务的是英国宪法，1215年的《自由大宪章》第十二条规定："设无全国公意许可，将不征收任何免役税与贡金。"为防止和避免政府借公民纳税之名横征暴敛，致人民不堪重负及财产利益不能得到保障，各国宪法关于公民纳税义务之履行普遍要求依法进行。据此立法机关制定专门的法律，规定纳税的主体、对象、税目、税率等具体事项，公民仅依法律的明确要求，履行纳税之义务。

②服兵役义务

国家为了维护国内秩序及抵御外来侵略，需要建立和维持一支强大的武装力量，因此各国宪法普遍规定本国公民有依法服兵役的义务，即按照国家法律的要求，参加到一定的军事组织之中，接受系统的军事训练，执行各项军事任务，履行卫国的职责。

③其他义务

主要规定有：对宪法赋予国民的权利自由，国民必须以不断的努力保持之，不得滥用，并应经常负起为公共福祉而利用的责任，如日本宪法。人人有依照法律规定对政府公务给予支持的义务，如泰国宪法等。此外，许多国家的宪法将受教育和参加劳动，既规定为公民的权利，又规定为公民的义务。

（十）国家机构

国家机构是一定社会的统治阶级为实现其统治职能而建立起来的国家机关的总和，一般包括代议机关、行政机关、司法机关等。

1. 代议机关

代议机关在西方国家常被称为是议会，它是作为现代民主政治主要内容之一的代议制的物质载体。议会是资产阶级在同封建专制统治作斗争过程中建立起来的一种民意代表和实现机关，最早可追溯到13世纪初英国封建时代的等级会议。13世纪初，由于英王约翰向农民、市民、骑士和封建主漫无节制地征税，于是社会各阶级联合起来，发动了1215年的起义，逼迫国王签署《自由大宪章》，并由贵族组成25人委员会，以监督国王遵守宪章，这个机构被认为是英国议会的开端。1265年，孟福尔率骑士进入该机构，使议会性质有所变化，具有了资本主义的特征。到1343年，国会开始分设两院，即贵族院与平民院。在英国资产阶级革命时期，资产阶级依托议会与王权进行斗争，从国王手中夺取权力。到1689年和1701年，议会先后通过了《权利法案》和《王位继承法》，确立了议会的最高立法权力，并享有批准税收、批准国内常备军的维持、决定王位继承的权力。到19世纪，英国最终确立了责任制政府，即政府必须得到平民院多数议员的支持和信任才能执政，使国会成为国家生活的核心。1911年制定的《议会法》和1949年通过的《议会法》进一步加强了平民院的优先地位。至此，英国的议会制度日渐完备起来。美国国会是根据1787年宪法设立的，宪法第一条规定国会行使最高立法权。国会实行两院制，由参议院和众议院组成。参议院由各州立法会议选举两名参议员组成（1913年宪法第十七条修正案把参议院的选举改由各州选民直接选举产生）。参议员的任期为6年，每两年改选三分之一，众议院由各州选民直接选举产生，按各州人口比例分配席位，每3万人中选出1名众议员。1929年通过的议席分配方案将议员人数固定为435人。众议员的任期为2年，届满时全部改选。法国议会起源于封建社会的三级会议，1302年，法国国王菲力普四世与罗马教皇发生对抗，于是召集三级会议，命令贵族、僧侣、平民各推荐代表若干人参加，以议国事。1789年，国王恢复召集三级会议，指望会议同意增加新税以解决财政危机。但会议中的第三等级于6月17日宣布会议为国民会议，并进而在7月9日不顾国王的指令，宣布自己为制宪会议，准备制定宪法，建立新的国家制度。1791年法国制定了第一部宪法。法国现行宪法中规定的议会制度，国民议会由直接选举产生，任期5年，现国民议会议员有577人，参议院的议员由间接选举产生，任期 9 年，每三年改选三分之一。

各国代议机关的组织体制不一，大概有一院制、两院制和多院制三种体制。代议机关的主要职责有：第一，立法权。这是议会最重要、最基本的权力。许多国家的宪法明文规定，议会的性质就是立法机关，甚至是唯一的立法机关。第二，财政权。掌握财政大权是议会最原始的职权。财政权是指议会享有对国家财政的决定权和对政府财政的监督权。财政决定权包括决定国家财政以及预算、税收、关税等的权力。财政监督权包括审查决算和公共资金审计。在此，最重要的是批准政府的财政预算案。有的国家甚至规定，预算案须由议会亲自编制。在实行责任内阁制的国家，如果议会拒绝财政预算案，就表明政府失去了议会的信任，可能导致内阁辞职。第三，监督权。主要是指对政府的监督权。在实行责任内阁制的国家，由于政府是由议会产生的，因而议会对政府的监督权力较大。议员可以书面或口头形式对政府成员提出质询，政府成员必须负责答复。议会还可以就某些重大问题进行调查，举行听证会，可以对高级官员进行弹劾。

议会的议事原则是指议会举行会议、行使权力、通过法律或作出决议时，应遵循的准则。各国规定主要包括如下的原则：（1）法定人数原则。法定人数是指议会开始议事及作出决议的必要的出席人数，是议会议事合法化的保障。（2）多数原则。议会为合议的机关，权力的行使、对问题的议决应以多数议员所表达的意志为议会的意志，这是近代代议制民主最基本的要求。（3）会议公开原则。会议公开原则是指会议议决问题的程序应事先公布，会议的记录应公开发表，议事的过程应允许公民旁听和新闻媒体作公开的报道。（4）一事不再议原则。一事不再议是指在议会的同一会期中已经作出决议的事项，不得再进行讨论和作出决议。会期是指议会在一定时间内集会的次数和日期，除少数国家实行长期集会外，多数国家的议会都在一个立法年度中一般集会一次至三次，每集会一次，如在日本，就算作一届会期。该原则是为防止或避免对一事项反复审议的现象发生，为保障议会在决议中所表达意思的连续性和稳定性，避免议会对同一个问题作出前后矛盾或不同的决议，使人们无所适从。

2. 国家元首

国家元首是一国的最高代表，在国际上代表本国，是国家机构的重要组成部分，并按照宪法规定履行职责。享有元首职权，是世界各国元首共同的重要特征。这些职权包括公布法律权、发布命令权、统率武装力量权、任免官吏权、外交权、赦免权、荣典权等。世界各国元首制度由各国宪法加以规定。君主制的国家元首统称君主，具体称号并不完全相同，称国王的最多，如英国、沙特、摩洛哥等。一些伊斯兰国家称君主为苏丹，还有些国家称埃米尔、天皇。君主制国家的国家元首实行世袭制，终身任职。在共和制国家，国家元首一般称总统、主席，由选举产生，有一定任期限制。按照不同的标准，可以把世界各国元首制度划分为不同的类型：（1）根据国家元首行使权力的状态，可以把国家元首制度分为实位元首制和虚位元首制。实位元首制，是指国家元首行使职权时较少受到其他国家机关的干预，所享有的是实在的权力。在很多情况下，国家元首同时是政府首脑，直接掌管行政权。在实行总统共和制的国家，总统就是实位元首。以美国为典型，其他如阿根廷等。虚位元首制，是指国家元首只是礼仪上的国家代表，其职权行使在很大程度上受到议会和政府的制约，在国家机构中处于一种比较超脱的地位，在议会内阁制国家，国王或总统就是虚位元首，如英国、德国。（2）根据元首本身的组织机构，可以把国家元首制度分为个体元首制和集体元首制。个体元首制，是由一人独任国家元首。世界上多数国家实行个体元首制。集体元首制，是指由二人以上组成合议制机关，由其全体成员共同担任国家元首和行使元首职权，瑞士是其典型代表。

国家元首与政府首脑之间的区别在于：（1）代表的对象不同。国家元首代表的是国家，政府首脑代表的是政府，在很多情况下，政府首脑所代表的政府是由行政机关所构成的。（2）国家元首可以在形式上或名义上掌握法律上的主权并因此成为国家的最高代表，而政府在法律上所掌握的只是国家的具体统治权，因而负有对国家进行有效管理的义务。（3）国家元首对其代表国家所从事的一切活动可以不负任何的责任或仅负法律的责任，而政府首脑及政府对其所从事的一切活动，除承担法律责任之外，还应承担政治的责任，具体是指就其制定或实施的政府政策接受议会或选民的监督。（4）国家元首与政府首脑由于所代表的对象之间存在着地位上的差别，因而国家元首居于高于政府首脑的地位。

3. 行政机关

国家行政机关是行使国家行政权的国家机关，其基本特征在于执行和管理。世界各国由于历史文化的差别，行政机关的组成结构并不相同，主要有如下三种：（1）内阁制。这种组织形式的主要特点是：第一，政府由在国会中占有多数席位的政党或政党联盟的领袖组织，该领袖出任政府总理。第二，总理提名的内阁组成人员的人选，形式上是经过国家元首任命，但这只是一种形式，国家元首不可以否认。第三，政府的继续执政以议会的信任为前提，政府对议会负责。如果议会否决政府提出的财政预算案或其他重要议案，或议会通过不信任案，或议会否决政府提出的要求议会确认信任自己的议案，政府就须辞职，或提请国家元首解散议会，重新大选。第四，国家元首是虚位元首，不掌管实际行政权力。（2）总统制。这种组织形式的主要特点是：第一，总统和议会分别由选举产生，政府由总统组织产生。总统既是国家元首，又是政府首脑，所以总统是实位元首。第二，政府不向议会负责。政府成员向总统负政治上的责任，总统向国民负政治上的责任，国会不能通过对政府的不信任案，总统也不能解散国会。第三，政府与国会完全分离，政府成员不能来自于国会。第四，政府实行个人负责制，内阁成员是总统的下属，如不同意总统的意见就必须辞职。实行总统制的国家以美国为典型。（3）委员会制。实行委员会制的典型国家是瑞士，瑞士最高国家行政机关是由 7 名委员组成的合议制组织，称之为联邦委员会，委员由参加政府的政党提名，由联邦议会从有资格被选为国民院议员的瑞士公民中选举产生。联邦委员会委员不得担任议员或其他公职人员。联邦委员会从属于联邦议会，因而无权解散议会，但议会在任期内也不得罢免联邦委员会或其中的某一个成员，国家的大政方针由联邦议会决定，联邦委员会负责执行。

政府首脑是国家最高行政机关的首长，有的国家称"首相"，有的称"总理"，有的国家还称"部长会议主席"等。政府首脑产生的方式，因国家实行的政权组织形式的不同而存在差异。实行内阁制的国家，政府首脑的产生基础虽基于议会大选结果，但在形式上却以任命的方式出现。一般由获得多数席位的政党执政。但在多党制的国家，如德国，情况就要复杂一些。根据德国基本法的规定，政府总理的选举分三轮进行。第一轮是由总统提名，经由全体议员投票，如获得法定议员总数过半数以上的赞成，即可获得总统的任命成为政府总理。如果第一轮投票后，被提名者没有当选，则应在 14 日内，由联邦议院自行投票选举，获得议员半数以上者当选；否则应立即举行第二轮投票，如有人获得半数以上的赞成票，总统应在 7 日内加以正式任命。如仍无人获得半数的赞成票，总统应在 7 日内或任命第三轮投票中得票最多的人为总理，或解散联邦议院，举行大选。而在意大利，由总统与主要政党领袖磋商后任命总理。实行总统制的国家，政府首脑的产生存在着两种情况，美国总统产生于选民直接或间接选举。而在法国、俄罗斯这些半总统制的国家，政府首脑由任命产生。法国总统任命总理时，无须得到国民议会的同意，而俄罗斯总统则需要征求国家杜马的同意后，才能任命总理。实行人民代表制的社会主义国家，政府首脑的产生方式，基本上是由国家元首向人民代表机关提出人选，由人民代表机关进行决定或选举。政府机构设置在世界各国也是呈现多样化的趋势，概括来讲，主要包括领导机关、职能机构、辅助机构等。领导机关即最高领导统辖全局的决策核心，也是政府机构中最高层次的行政组织。英国、德国等国称为内阁，我国则称为国务院。职能机构是在政府领导机关的直接领导下，分管某一方面行政管理事务的专业性的执行机关。各国政府的职能部门一般被划分为部或委员会，以及独立机构。美国、日本、法国、英国等国的部委都比较少，一直保留在十余个。独立机构，以美国为典型，主要负责专业化的行政事务。辅助机构一般包括办公厅、咨询机构等。行政机关的职能主要包括执行法律、制定和实施政策、内政权、外交权以及其他方面的权力。

4. 司法机关

司法权是指特定的国家机关作为争议双方之外的第三者来处理双方争议的权力。这种权力与公民的诉权相对应，一般遵循不告不理的原则。各国宪法关于司法权内容规定的差异主要集中在行政诉讼及对法官的惩戒处分方面。英美法系国家，行政法与民法之间在制度上没有根本的区别，而在大陆法系国家，则实行行政法院与普通法院相对应。司法机关从组成来看，有广义与狭义之分，前者包括法院与检察机关，后者则仅指法院。

检察机关是代表国家追究犯罪行为人的刑事责任而向法院提起公诉的机关。各国检察机关普遍享有的职权有：（1）刑事诉讼方面的职权。这是各国检察机关最主要的职权。具体包括侦查和侦查监督、提起公诉、出庭支持公诉、对刑事审判活动进行监督、指挥和监督执行裁判等。（2）民事诉讼方面的职权。不同法系国家的检察机关都在一定范围内干预民事诉讼，如英国，总检察长对涉及英王和政府重大利益的案件，代表英王与政府出庭，进行民事诉讼活动。（3）行政诉讼。在美国，法律规定联邦总检察长可以参与影响公众利益的国会法案违宪的任何诉讼，联邦总检察长有权提起行政诉讼。法国、意大利等国的检察机关都拥有在一定范围内干预行政诉讼的能力。除此之外，有的国家还规定检察机关负有法律顾问、提供法律咨询、立法倡议和司法解释之权。关于检察机关的设置，社会主义国家多独立设置，自成系统。有的则设置于法院系统之中，如法国。而有的则设置于司法行政部门，如美国。

法院一般也被称为司法机关，具有被动性、独立性、多级性等特点。由于各国历史传统不同，法院的组成也不相同。这里以几个国家为例进行说明。英国法院的组织，分为民事法院和刑事法院两大类，两类法院各成系统，互不关联和隶属。只有当案件最终上诉到上诉法院和作为议会上院的贵族院时，它们才拥有共同的上级机关。民事法院系统中除贵族院外，由三级法院组成，包括郡法院、高等法院和上诉法院。刑事法院由治安法院、皇家法院和刑事上诉法院组成。美国是个联邦制的国家，联邦与组成联邦的各州各有自己的宪法和法律，因而法院组织也就相应地存在着两个系统。就其联邦法院系统而言，主要有普通法院和专门法院之分。普通法院包括地方法院、上诉法院和最高法院三级。专门法院则有联邦巡回上诉法院、美国权利申诉法院、美国国际贸易法院等。法国的法院分为两大系统，即普通法院系统和行政法院系统。

与行政职能和立法职能相比，司法机关的职能是比较有限的，主要体现在如下几个方面：（1）确认事实。在诉讼活动中，准确地确认事实比适用法律要困难得多。这也是各国司法机关的首要职能，当然，普通法国家和大陆法国家的法院有不同的司法程序。（2）解释法律。法律只是原则性的规定，司法机关的职责在于在各种不同的情况下，将法律法规付诸实施，并在具体的案件中确定适用何种法律、法规。（3）法官立法。这主要指普通法国家的法官，有时他们解释法律从某种意义上也可以看作在创制法律。

宪法对于司法机关的主要规定包括：第一，规定司法独立的法律原则。不受行政机关任意干涉的独立司法机关是资产阶级革命的产物，因此，各国大都在宪法中将司法独立的原则予以明文规定。例如，法国1791年宪法规定："在任何情况下，司法权不得由立法议会或国王行使之。"日本宪法则规定："所有法官依良心独立行使职权，只受本宪法及法律的拘束。"德国基本法规定："法官是独立的，只服从法律。"第二，规定最高法院法官的产生方式。要实现司法独立的原则，必须明确规定法官的地位及其产生方式，以防止其他机关随意干预或影响司法权的行使。综观世界各国的宪法，其大都明确地规定了最高法院法官的产生方式，有的规定最高法院法官由国家行政机关或国家元首任命；有的由国家行政机关或国家元首依据中央代表机关的建议或者按照中央代表机关投票表决的结果任命；有的由中央代表机关选举产生；有的由司法机关自己选举或任命；有的还用其他的方式选举或任命。第三，规定了司法机关的司法审查权。司法审查是指司法机关对法律合宪性的审查。继美国之后，其他一些国家也纷纷建立了司法审查制度，并在宪法中作了明确的规定。从各国的情况来看，司法审查制度主要可以分为两类，一种是由普通法院行使司法审查权，一种是由其他国家机构实施监督。

（十一）选举制度

1. 选举制度概述

民主理论认为，法律的力量在于它承认和保护个人的尊严和权利。而为保护个人的尊严和权利，最好的办法是通过人们自己选举出来的代表来制定代表民众利益的法律，并通过法律来实施管理。这就是说，选举是民主制度的重要环节。在现代社会，所有的公民都直接参与管理已经不可能，唯一的办法是通过选举来表达自己的意志、委托自己的权利。因此，选举制度也是现代宪政国家一项重要的制度。

选举制度是指关于选举国家代表机关代表与国家公职人员的原则、程序与具体方法的各项制度的总称。选举制度的具体内容由选举法规定。选举制度的概念可分为广义与狭义两种。广义的选举制度包括选举代表机关代表与特定公职人员的制度，选举主体与范围比较广泛。狭义的选举制度是指选民依据选举法的规定选举代表机关代表的制度。我国选举法调整的对象限于全国人大代表与地方人大代表的选举，采取狭义选举制度概念。选举法具体规定选民的资格、选区划分、选民登记、投票程序、选举诉讼等具体制度。在现代社会中，选举制度应作如下理解：第一，选举制度既是一种政治制度，也是一种法律制度，是当代民主国家政治制度不可缺少的部分。在现代社会里，在正常的情况下，国家政权机关大都通过由公民选举的方式产生和组成。选举制度已成为国家政治制度必不可少的组成部分，是整个国家政治制度的基石。国家通过一系列方法来规范选举活动以保证国家政权机关得以依法顺利产生。选举制度集中表现在宪法和有关选举的法律规范中。第二，选举制度是指有关选举的各项程序制度的总称，在单独使用时，并不专门确指某项具体制度。选举作为产生和组成国家政权机关的一种程序，涉及面广，包含着众多内容，在实施的过程中要经历一系列环节形成许多具体制度、程序和方法。人们常常提到直接选举制、间接选举制、多数选举制、代表选举制等，都是就选举制度中某一方面、某一部分，甚至某一具体程序而言。第三，选举制度是具有稳定性、规范性的法律制度。选举制度作为一国重要的政治制度要正常有序运作必须以法律制度固定下来，并且不能朝令夕改。选举制度以法律制度固定后，即是一国的宪法或宪法性法律，所以更应具有稳定性和规范性。

现代选举制度可溯源于古希腊、罗马，但真正形成则始于资产阶级革命时期，后经不断发展完善而形成制度，作为民主宪政的重要手段。资本主义国家选举制度的本质是为了维护和巩固资产阶级国家的政治统治服务的，但西方资产阶级创立的各种具体制度作为世界文明发展的成果是不可否认的。现在民主已成为各国显示其文明进步程度的标志，而选举制度是实现民主的唯一可行的方式，是民主政治的基石。

（1）选举制度与代议制民主

当代民主是代议制民主，而代议机关的产生只有通过完善的选举制度才能真正反映出民众的意愿。民主有两种形式：直接民主和间接民主。人们亲自参加对公共事务的处理是直接民主，是一种简单的原始的民主。直接民主的实现至少需要两个基本条件：第一，群体的规模不大，群体的全部成员有可能聚集在一起就面临的共同事务作出决定；第二，所需处理的共同事务较为单一，而且不是经常出现或临时突发的。显然这种民主在当今的社会中不可能存在。因为随着人类文明的进步，社会分工愈来愈具体化，任何国家都不可能在决定公共事务时，由成员直接参加决策。这种民主只在古希腊、罗马曾经有过，但很快就被其他方式取代。而间接民主却克服了直接民主的不足，使公共事务可以由社会成员选举出来的代议机关进行决定。这种方式可以广泛运用于任何规模的群体和相对复杂的社会条件。当代代议机关是公民通过选举产生的代表组成的。要使代议机关的行为符合民意则必须有完善的选举制度。只有选举出符合民众意愿的代议机关，民主才能得以真正实现。只有在选举程序、方式、方法上不断进行完善，才能使民众的意愿通过其投票行为得到真正的反映，从而体现民主的真实性。

选举是公民参与政治的最佳方式。同直接民主相比，间接民主最大的不足在于，人民不能直接行使治理国家的权利，而要通过所选出的代表来治理国家。这在一定程度上会形成代表们能否真实地按人民意愿行事的不确定性。公民的广泛参与将有助于保证民主的实现。当代社会公民参与政治的形式与方法越来越多，涉及的面也越来越广泛，但选举制度在各种可供选择的形式与方法中仍然是最有效和最重要的。通过定期选举，公民有可能撤换他们所不满意的代表，直至重新建立和组成新的政权机关。选举制度的完善和正常运作，通过定期选举和竞选，有可能使人民的意愿不至于长期被漠视，从而使民主得以实现。

选举制度为代议机关权力的合法创造了基础。选举产生的代议机关的权力具有权威性。在少数服从多数的民主原则下，一个获得多数支持而形成的政权，其所得的多数比例票数越多，其权力的权威越大。而且民众对选举的参与，其本身就具有对现行国家制度认同与支持的意思，表明其愿意接受这一制度。而民众对选举参与的广泛程度，代表了民众对国家制度的认同，所以是权力合法的基础，现代国家所遵循的普遍选择原则即是为了国家制度的合法性和权力的权威性之目的。

（2）选举制度的功能

选举是当代民主政治制度中最关键的一项制度设置，影响着民主制度的其他制度构成，是其他各种制度形成、存在和发挥作用的基础。选举制度的功能可以归纳为以下几个方面：

第一，选举制度为和平稳定的宪政提供保障。自从国家产生以来，政治权力的斗争一直是政治生活的重心。其中为了追求权力而殚精竭虑为之奋斗是许多掌权者和将要掌权的人的主要任务。权力意味着利益，获得权力并在权力结构中占据有利位置，是实现利益分配中的主动和优先的重要条件，因此，争夺和维持权力，围绕着权力的斗争和争夺也就异常尖锐起来。政治斗争的白热化给和平稳定的宪政造成了极大威胁。人类历史表明：政治权力斗争是极为残酷的。在权力竞争中，竞争者为了独占权力总是千方百计地动用一切手段，为了巩固自己的优势趋向于彻底消灭对手，而一旦取得了优势，则肆意妄为滥用权力。不同的政治制度下，政治斗争的规则和方式存在着基本的区别。这种区别是至关重要的，它在很大程度上决定着政治过程的特质并对社会发展产生重大影响，并决定着政治程序的稳定乃至国家的兴衰。

第二，选举制度有利于产生符合民意的最佳政权。通过民主选举制度，政府权力才会真正来源于全体人民的授予。政府一旦通过民主选举的法定程序当选，那么它将被置于全体人民支持的坚实基础上。一个国家只有选举制度获得普遍支持，并按照选举程序选举政府，那么政府权力才可获得可靠的权威。选举制度可以选出一个高素质的符合民意的政府。在选举制度下，选举权与被选举权被公民普遍享有，因此任何人只要具备了必要的国籍和年龄就可以去竞争和追逐政治权力。这种开放性的制度大大扩展了选择的范围，有利于选出最佳的政府。选举制度的开放性使其具有很大的包容性，从而更有利于政见不同的政治精英融合到体制之内，从而组成强有力的政府。在选举制度下，掌权者必须在民众的严格监督下，而不敢滥用职权，并注意公共形象。唯有如此，才能够不被罢免并得到选民肯定。参选者在选举前必须具备良好的政治素质，且经过长期的竞选战胜众多对手的人也不会是平庸之辈。从选举制度的实际运作来看，选举是选出有效民主政府的可靠方法。人类政治实践表明，选举制度相对于其他政府产生方式是一种较少失败的制度。当然也有例外，希特勒是在选举制度下当上国家元首的。但个别失败的例子并不能否定选举的功能，何况选举制度所具有的纠错机制不会将这种偶然现象继续。

第三，选举制度能有效地防止权力集中和腐败。选举制度下，每隔一定时期就进行一次选举,候选人在一次选举中失败还可以在下次选举中获胜,而获胜的候选人也可能在下一次选举中失败。民主选举中,选民平等参选、候选人自由竞争、普遍认可的选举规则等共同作用,构成了一个开放的权力结构,有效地防止了少数集团长期垄断权力。而且在选举制度下,掌权者只能在自己任期里组织政府而不能长期占有权力形成集权。选举制度的主要功能之一就是通过自由竞争的选举,构建一个开放的政权,不使任何集团长期垄断权力。在民主选举下,任何个人或集团对政权的掌握只是暂时的。权力在不同时期被不同的人掌握,从而杜绝了权力垄断和腐败,使权力真正地为公共利益服务。

第四,选举制度有利于公民参与影响公共政策。选举过程是参政议政的过程,选民通过选举,选出那些与自己政见相同的代表。而政府在制定自己的政策时,就必须考虑到选民的意见。它必须了解民众想要什么,不满什么,需要政府如何做,而后提出符合民众需要和公共利益的政治主张,选民通过选举间接地影响着公共政策。从候选人的角度看,相互竞争的各候选人,为了实现他们获胜当选这个最大目标,就必须充分关注选民偏好,关注社会公共问题。他们出于对自己利益的关心,从而也就必须以关心公共利益为前提。他们的主张必须得到尽可能多的选民认可。选举投票的过程也即是选择政策的过程。政府所制定政策是否符合大多数人的利益,是否得到选民支持,是其能否连任的决定因素。另一方面,选举是普通公民参与政治的主渠道之一。通过参加选举活动,普通公民逐步了解了政治活动的过程。只有在民主的选举制度下,普通公民对政治活动和公共政策的知情权才得以实现。选举过程使得普通公民更加熟悉政策的制定，甚至提出自己的要求和建议。在现实中选举者影响政策的事实说明，政府政策不可避免地受到民众的影响，在西方政治生活中有一种趋势，即无论哪一个政党上台，无论政府变更多么频繁，它们的政策差异却越来越小。如，1980 年以来共和党一直推行新保守主义，民主党上台后继续推行新保守主义政策，使美国经济保持良好增长势头。1997 年春，英国工党仍全面推行撒切尔主义经济政策。这说明广大民众要求政府解决实际问题对政策的影响起着重要作用。

第五，选举制度的教育功能。首先，选举制度有利于提高公民的参政意识。参加选举时选民必须比较各个候选人、各不同政策，从而做出选择。通过了解政策并行使自己的选举权，从而体会到选举是表达自己政治意愿的一种机会、过程，意识到选举投票是显示自己尊严与价值的重要行为。选民通过选举，也增强了国家责任感和国家认同感。其次，选举制度有助于提高选民和候选人的参政能力。一方面，选民在选举过程中，从选举动员到选民登记，从选区划分到投票站投票，从选票统计到选举诉讼，无论对选民还是对候选人都是一次"洗礼"，选民与候选人之间的交流，选民之间的沟通都对选民的参政能力有重要的提升作用。另一方面，候选人在选举中要想获胜，必须具备良好的参政意识和参政能力，学会与选民沟通，增强自己对"民意"的把握，切实关心民众的意见，从而提高自己的政策把握能力和政策制定能力。再次，选举制度对社会有着普遍教育功能，有利于政治社会的民主化和法制化进程。选举是在选民与政府之间架起了一座桥梁，成为政治沟通的媒介。通过选举，整个社会的民主法制意识得以提高，有利于影响社会各个方面的民主意识，使民主观念深入人心。由于选举制度本身是以法律形式所体现出来，所以选举制度运作的同时也促进了整个社会法制观念的进步。

2. 选举制度的主要内容

（1）普选制

普遍性选举制度，具体指公民参加国家代表机关或其他公职人员的选举时，其选举权和被选举权不受财产状况、教育程度、民族、种族、性别等外在差别的影响和限制。资产阶级在反封建的斗争中，主张实行普选制和建立代议制的政府，把争取普选权作为反封建的一项重要目标予以追求。但这经历了一个漫长的历程。最早建立代议制的英国，19 世纪以前，选举制度中不仅有高额的财产资格限制，而且由于不合理的议席分配办法，许多新兴的工业城市在下院没有代表。进入 19 世纪以后，为改变这种状况，英国通过一系列的立法，对选举制度进行了改革完善。1832 年的选举改革法对长期存在的不合理议席分配方法进行了改变的同时，也扩大了公民的选举权，降低了选民的财产资格。但这一改革也仅使成年公民中的 5%~7% 有了选举权。1867 年的改革法进一步降低了选民的财产资格，使选民人数在 1832 年的改革的基础上又有了大幅度的提高，享有选举权的公民占成年公民的比例上升到 13%。1872 年秘密投票法改革公开选举为秘密投票，以消除长期以来选举中存在的不良行为。1884 年的人民代表法统一了全国城市和农村的选民资格标准。1918 年的人民代表法和 1928 年的国民参政法真正实现了普选制。在法国与美国也有类似的情况。

在普选制中还有两组概念值得介绍，即地域代表制与职业代表制，多数代表制与比例代表制。地域代表制是指按选民的居住地区划分选区或者以区、县等行政区域为选举单位选举代表或议员的制度。地域代表制常有两种方式，一种是选举区只产生一名议员或代表，称为小选区制或单数选区制。另一种是一个选区产生两名以上的议员或代表，称为大选区制或复数选区制。职业代表制是指将选举人依职业予以分类，根据团体而不是居住区或行政区域，选举代表或议员的制度。最早把职业代表制作为一项立法制度规定下来的是法国1851年宪法。这部宪法规定，工业及商业团体，均得有特别之政治代表。德国《魏玛宪法》第一百六十五条曾规定设置联邦经济参议会，其议员系：农业、林业；园艺及渔业；工业；商业；银行业及保险业；交通业及公益企业；手工业；消费者；公务员及自由业；地方经济之有影响力者；政府之自由推荐者，按一定比例选举产生。现代各国选举，除采取地域代表制外，大多还兼采职业代表制。多数代表制又称多数选举制，是指候选人依法定标准，得票较多者即可当选的制度。多数代表制在理论上源于多数决定原理，即凡团体在决定其意思或推选其代表时，均以多数的意见为决定的准则。多数决定原则早在古希腊和古罗马时代就已经存在。后随着英国宪政制度的发展推行于全世界。英国、美国、加拿大、印度等国选举众议院议员采用多数代表制。比例代表制，是指依一定的计票方法，使各政党依其所得票数按比例选出代表的制度。荷兰、奥地利、巴西、智利等国的宪法都明确规定采行此制。

此外，凡代表或官员的选举，不由选民直接选出，而由选民选出的代表选定时，为间接选举制；反之，则为直接选举制。间接选举制认为普通选民缺乏充分的知识和判断能力，不能选择其中的政治精英，而且在一个大国之中，采取直接选举制，选举成本太大，而采取间接选举制，选民只要选出最终执行选举职务的人即可，因而可以避免直选的不足。

（2）选民及候选人的资格

选民及候选人的资格是指公民享有选举权和被选举权、参加投票选举必须具备的法律上要求的条件。这主要包括：①国籍资格。各国宪法或选举法一般都要求选民和候选人必须具有本国的国籍，是本国的公民。一些国家则对归化的人进行了一定的限制。如美国宪法规定只有在美国出生的美国公民才有资格当选为总统。日本法律则禁止归化人及归化人的儿子当选为国会议员。德国规定取得国籍满一年者才有参选与当选的资格。②年龄资格。即享有选举权被选举权必须达到的年龄标准。古巴的法律规定，年满16周岁的公民既可以成为选民，享有选举，是世界上选民年龄资格要求最低的，而意大利选举参议员的选民资格要求要达到25岁，是世界上最高的。候选人的年龄资格要求绝大多数国家都要高于选民，像美国和日本众议院议员候选人为25岁的年龄资格，参议院议员候选人要年满30岁。美国总统候选人的年龄资格要求为35岁，意大利为50岁，希腊为40岁。③居住条件。即选民和候选人行使选举权和被选举权时应在国内或国内某一地方达到法律规定的居住期限。各国对选民要求的居住期限从3个月到一年不等。要求最短的是德国，只有一个月，要求居住时间最长的是挪威，为 5 年以上。对候选人居住期限的要求在很多国家也要比选民高。如美国候选人的居住期限为在美国连续居住满 14 年以上。④财产资格。所谓财产资格是指公民必须拥有一定数量的土地、资产或交纳一定数量的赋税才能享有选举权或被选举权。对选民财产资格的要求始于英国。法国 1791 年宪法关于"积极公民""消极公民"的划分，主要以纳税为标准，实际上就是财产资格的要求。19 世纪以来随着民主制度的不断完善和争取普选制斗争的开展，财产资格的要求在各国的选举制度改革中逐渐地被降低甚至取消。但在一些国家出现了一种选举保证金制度。候选人必须交纳一定数目的金钱作保证，如其得票不到法定的比例，该保证金就被国家没收。实行的国家主要有法国、英国、日本、印度、美国、利比亚等国。选举保证金制度使候选人慎重地对待选举。⑤性别资格。在性别上的资格，主要是指妇女的选举权与被选举权，女子最先享有选举权的国家是新西兰，时间是 1893 年，南非 1895 年虽然赋予了妇女选举权，但仅限于白人妇女，英国直到 1928 年才赋予妇女在选举上同男子的完全平等地位，世界上妇女至今仍无选举权的国家有科威特和沙特阿拉伯。此外，有些国家的宪法还对教育程度资格、精神状态资格、政治资格进行了限制与规定。

（3）候选人的产生及竞选

这方面主要包括：①候选人的提名。公民在具备了上述资格后，要成为正式的候选人，一般需要经过一个提名的程序。议员候选人的提名一般按照划分的选区来进行。至于候选人可以在几个选区内被提名，存在两种情形，一种是候选人只能在一个选区或选举单位中被提名，美国、法国、新西兰、波兰等众多国家都只允许候选人在一个选区被提名，若被多个甚至整个选区提名，依法国法律规定，该候选人的候选资格应作无效处理。另一种允许候选人被多个选区提名，英国早在 1774 年就采取了这一制度。议员候选人可以在任何选区登记和被提名，如同时在两个以上的选区当选，则只以其中的一个为有效。英国首相丘吉尔就曾在四个选区中竞选获得成功。上述两种方式，候选人的提名主要有两种方式，一是由选民提名，一是由政党提名。由选民提名的，必须获得一定数量公民或选民的支持，具体的要求各国规定并不相同，如印度规定仅为 1 人，新西兰为 2 人，而比利时则需要 200 到 500 人。有的国家则规定了一定的比例，如 1973 年保加利亚选举规定，选民提名的候选人，至少要有本选区五分之一选民的附议。美国独立候选人或新成立的政党提名的候选人，也存在类似的情况。候选人由政党提名是近代以来政党制度发展，政党政治普及在选举中的表现。其基本要求是，公民要成为候选人，原则上应是某个政党的党员，政党依法提名其为候选人。②候选人的竞选。这个过程主要包括组织竞选班子、制定竞选纲领和策略、筹措竞选经费以及制定竞选的方式。

（4）选区的划分及当选的确定

选区是指划分出来供选举产生代表及公职人员的区域。因为代表的选举，多实行地域代表制，代表的名额被分配到不同的地方按划分的选区来选举产生，加上候选人的提名、竞选的展开、组织投票、计算选举的结果等，均以选区为单位进行，因此选区的划分是各国选举制中非常重要的一个环节。根据选区选出代表为一人还是两人以上，可将选区划分为小选区制与大选区制。目前采用小选区制的国家主要有美国、英国、法国、加拿大等。如英国下议院的议席为 650 个，因此全国划分出 650 个选区，每个选区选出下议院议员 1 人。实行大选区制的国家有意大利、德国等。意大利众议院由全国划分出的 32 个选区选举产生，各选区每 8 万居民中可产生一名议员。参议院人数被限定为 315 人，根据地区划分选区，每 20 万选民可产生一名参议员，大多数的选区可产生 6 名以上的参议员。

计算选票的目的是确定哪个候选人可以当选，以及某个政党在议会中能否分得或分得多少议席。19 世纪末以前选票的计算比较普遍地采用简单多数的方法，进入 20 世纪以后，比例代表制、多数代表制成为主要的计票方式。

（十二）政党制度

1. 政党与政党制度概述

政党是由一定阶级、阶层或集团中的中坚分子组成的，并为实现反映其政治、经济利益的政治纲领、政治主张而奋斗的政治组织。政党制度则是有关政党的地位和作用，特别是有关政党执掌、参与或影响国家政权的各种制度的统称，是现代国家政治制度的重要组成部分。根据不同的标准，政党可以划分为不同的类型。例如，按照政党是否具有法律地位可以划分为合法政党和非法政党；按照政党是否掌握政权，可以划分为执政党、参政党和在野党；按照政党在议会中掌握的议席多少，可以划分为多数党和少数党；还可以按照政党的意识形态、政治主张和思想倾向，划分为共产党、社会党、基民党、自由党、保守党、民族主义政党等。

（1）共产党：以马克思主义为指导思想，代表劳动人民利益的工人阶级政党，是工人阶级的最高组织形式。1847年共产主义者同盟创立，马克思、恩格斯在《共产党宣言》中，正式把接受科学社会主义为指导的工人阶级政党称为共产党。19世纪下半叶，各国相继成立无产阶级政党，一般命名为社会民主党。后来第二国际分裂，列宁为了同第二国际中各国社会民主党的机会主义相区别，1914年提出要改变党的名称。1918年3月，俄国社会民主工党（布）举行第七次代表大会，正式改党名为俄国共产党（布）。此后世界各国凡以马克思、恩格斯、列宁的建党学说为指导建立的工人阶级政党，不管名为工人党、劳动党或共产主义联盟，通称为共产党。

（2）社会民主党：这一名称最早出现于19世纪40年代，"民主党"当时在法国指无产阶级社会主义者，"社会党"指具有社会主义色彩的民主共和主义者，两者联盟，合称社会民主党或民主社会党。1869年德国建立了社会民主工党，后来各国建立的无产阶级政党大都用"社会民主党"这一名称，并于1889年共同组成了第二国际。后来，第二国际各国党内的机会主义日益滋长。第一次世界大战爆发后，各国社会民主党纷纷支持本国政府进行战争，第二国际破产。一些社会民主党内的左派另建新党，取名为共产党，此后，在工人运动中，共产党和社会民主党成为两类不同性质的政党。在当代，社会民主党通常是对以民主社会主义或社会民主主义为指导思想的政党的泛称，其中包括社会民主党、社会党、工党、独立社会党、社会劳动人民党等。

（3）民族民主政党：发展中国家中以争取和维护民族独立、发展和壮大民族经济为目标，具有鲜明的反帝、反殖和反封建性质的政党。这些政党代表本国主张维护民族独立的各阶层的利益，虽名称各异，思想纲领不同，但在绝大多数发展中国家中属爱国、进步力量，为争取和维护民族独立、发展民族经济和文化发挥了积极作用，有些党长期执政并取得了显著成就。在当今国际舞台上，民族民主政党是反对帝国主义、殖民主义和霸权主义，维护世界和平、促进共同发展，主张和推动建立国际政治经济新秩序的一支重要力量。

（4）基督教民主党：大部分西欧国家和一些拉美国家中的一股重要的政治力量。基督教民主党创始于19世纪，它把基督教关于社会和经济公正的观点同关于政治民主的自由主义观点结合起来，主张维护有关教会和家庭的传统价值观。但各国的基督教民主党的思想主张和政治取向差别较大，西欧地区的基民党大多数奉行保守主义政策，有的则相对温和。拉美地区的一些基民党更注重政治民主和社会正义，具有改良主义倾向。

（5）保守党：保守党一词最早出现于1817年英国《保守党人》杂志上，主要指维护君主制、君主制原则或正统主义原则的政治力量。当代保守党主要指奉行传统资产阶级意识形态，坚持自由资本主义制度的具有保守倾向的政党。这些党大多强调要实现民主、有限政府、社会正义、个人自由和公民自由，建设"自由、正义、开放和民主的社会"，反对"第三条道路"。经济上主张实行"有竞争的市场经济"，支持经济全球化进程。1983 年 6 月，以英国保守党为首的 17 个国家的 19 个保守党共同成立了"国际民主联盟"（俗称"保守党国际"）。

（6）自由党：最早出现在 19 世纪的欧洲，政治上与支持君主或贵族政府的保守派相对立。自由党具有反对保守党的历史传统，在现代政治中则多倾向于中间立场。自由党以强调政治自由、人权和立宪问题为特征，主张建立以个人自由和社会公正为基础的自由社会；经济上主张实行混合经济体制，支持公共福利开支。1947 年，比利时、英国、挪威三国自由党发起成立自由党国际，并发表《自由宣言》。由于自由党在西欧政党体系中的中间地位，它们经常成为联盟的伙伴。自由党在西班牙语和英语国家有很大的影响。

（7）绿党：20 世纪后半叶随着西方生态运动的发展而出现的政党组织。1981 年，联邦德国绿党成立，随后欧洲许多国家也相继建立了绿党。绿党主张维护生态平衡，反对经济无限增长；主张社会正义，实行基层民主；强调非暴力原则；尊重妇女权利等。

在当今世界上，政党的存在已经成为一个十分普遍的政治现象。绝大多数国家都有政党存在，有些国家的政党竟达数百个之多。正是这些大大小小的代表着不同阶级和阶层利益的政党，占据、活跃在各国的政治舞台上，操纵或影响着各国的政局。政党在国家政治活动中起着决定性的作用，甚至可以说，没有政党就没有政治。由于各国内部各阶级、各阶层力量对比及各种政治力量集结或分化的程度不同，国体、政体及政治、文化传统不同，于是也就形成了一党制、两党制、多党制等不同形态的政党制度。换句话说，一国实行这样的而不实行那样的政党制度，是由一国特定的社会历史条件和现实条件决定的，而不是人们所能随意改变的。

在资本主义国家里，政党制度就是资产阶级通过政党掌握国家政权，控制全国政治生活以实施统治、维护资产阶级利益的方式的总称。从执掌政权的具体形式上讲，一般表现为或由一个大资产阶级政党单独把持政权，或以两党或不同政党联盟轮换掌握政权，或者通过三个以上复数资产阶级政党联合掌握政权的多种更迭方式。与之相应，西方传统政治学中关于政党制度的分类方法，通常也是将资本主义国家的政党制度分为三类：

（1）一党制或单党制的政党制度。顾名思义，就是由一个政党单独掌握国家政权的制度。在近代政治历史上，由于不同国家的发展道路和社会环境大相径庭，一党制又分别表现为"法西斯主义一党制""民族主义一党制"和形式上多党、实质上单党的"一党多元制"等多种形态。20世纪70年代中期以后，以萨托利为代表的政党研究学者又从"政党数量"和"意识形态两极化程度"这两个维度出发，将一个政党一直赢得国会中大部分议席的状态称为"一党独大制度"。应当说，这种概括方法对于认识和界定日本在"五五年体制"下的自民党长期执政状况以及冷战时期日本政党制度很有帮助。因为，在保守政党与革新政党对峙的"保革对立"状态下的日本，大资产阶级政党牢牢地掌握着国家政权，自民党内部派系间的更迭和平衡取代了不同资产阶级政党之间的政权交替，与之形成意识形态对立的革新政党被置于长期在野地位，尽管也曾几度形成过与自民党分庭抗礼的权力制衡，但自民党的"万年执政党地位"与社会党的"万年在野党地位"同样是不争的事实，而其他采取中间道路或标榜"中道政治"的形形色色的党派，也同样被置于在野地位。所以，自民党独擅政权的一极与群星般散在的大小在野党之间，表现出一种制度性的"一极多元"，形式上多党轮流执政，但事实上只有一个处于绝对优势的政党独擅国家权力的特殊状态，正是 1955 年至 1993 年中长达 38 年日本政党制度的基本模式。实行一党制的国家主要有坦桑尼亚、苏丹、莫桑比克等。

（2）两党制，即由两个较大资产阶级政党轮流执掌政权的制度。实现资产阶级两党制度的基本前提条件是，在多数资产阶级政党中存在两个占据垄断地位并且大体上势均力敌的核心政党，两者同时得到社会主流地位的中上层资产阶级认可，在共享同一统治基础的同时以不同政策争取选民支持，通过竞选争取议会中多数组阁或当选总统。英国、美国、加拿大、澳大利亚、新西兰等国家现存的政党制度属于典型的两党制。值得注意的是，冷战前后不同时期的两党制本身也在不断变化，所以在萨托利等人后来的系列研究中，又将西方政党制度中典型的"两党制"依照意识形态两极化程度，细分为意识形态两极化较低的多党制——"中度多元主义"、意识形态两极化程度较高的多党制——"两极化多元主义"。实行两党制的国家主要有英国、美国、加拿大、新西兰等国。

（3）多党制，就是由两个以上政党或政党联合轮流掌握政权的制度。显然，多党制需要有三个以上并力量大致均等的政党存在，在统治集团内部力量对比关系复杂多元的背景下，其中任何一个政党都不可能长期保持过量的政治强势。政党之间依靠选举的偶然胜利或与其他政党联合而执掌政权，但相比较而言，多党制更容易出现政府更迭和政局动荡。今天的德国、法国、意大利均属于多党制国家。

2. 宪法与政党制度

政党在现代各国发挥着重要的作用，在许多国家的宪法中都不涉及政党的问题，认为政党纯粹为公民结社自由的一种结果和形式，但在二战后，欧洲大陆国家开始在宪法中规定政党制度，从而使政党活动法律化，如意大利宪法第四十九条规定："为了以民主方法参与决定国家政策，一切公民均有自由组织政党的权利。"并在过渡性条款中规定了禁止以任何形式重建法西斯党。联邦德国基本法第二十一条规定："政党参与形成人民的政治意志。可以自由建立政党。政党的内部组织必须符合民主原则。它们必须公开说明其经费来源。"法国第五共和国宪法第四条规定："各政党和政治团体协助选举进行。各政党和政治团体可自由地组织并开展活动，它们应该遵守国家主权原则和民主原则。"等等。在一些二战后新成立的民族主义国家中，也有这方面的规定，如缅甸宪法第十一条规定，国家应采取一党制。在社会主义国家的宪法中，也有这方面的规定，一方面明确无产阶级政党在国家中的领导地位。如苏联 1977 年宪法第六条规定："苏联共产党是苏联社会的领导力量和指导力量，是苏联社会政治制度以及一切国家机关和社会团体的核心。苏共为人民而存在并为人民服务。"

罗马尼亚 1975 年宪法规定：“在罗马尼亚社会主义共和国，罗马尼亚共产党是整个社会的领导的政治力量。”除明确在宪法中规定政党制度外，许多国家还专门制定政党法，如印度尼西亚的政党法不仅规定政党信仰问题，而且还规定了哪些政党是可以合法存在的政党。德国的政党法则主要对政党内部的规章及经费开支作了规定。但从世界范围来看，宪法中明确规定政党问题的还是少数。大多数国家主要通过宪法惯例的形式，对政党的组织与活动予以确认。如美国宪法中并没有任何关于政党参与选举的规定，但在美国总统的选举实践中，不仅民主、共和两党分别召开全国代表大会，提出各自的候选人，并采取各种手段为自己的候选人开展竞选活动，而且各候选人必须向选民宣布其政治倾向，然后由选民按政党提出的候选人名单投票，而总统选举人在选举总统时，应投其本党提出的候选人的赞成票。

近代以来政党政治的普及使得政党同宪法确立的国家宪政体制结为紧密的一体，成为国家宪政体制中必不可少的一个组成环节。第一，政党行动所形成的宪法惯例成为国家宪政体制的组成要素，起着对宪法规定的宪政体制的补充和完善作用。西方国家中，公职人员的选择，议会选举中候选人的提名，责任内阁制国家中内阁首相或总理由议会多数党领袖充任，议会中的党团支配着议会活动等，都是政党活动形成的宪法惯例。政党的活动一方面起着对宪法规定的国家宪政体制的补充完善的作用，另一方面也是宪法确认的国家宪法体制运转的有力推动者。第二，宪法确认的宪政体制是政党斗争的中心和焦点。政党的斗争根本目标是夺取、巩固或影响国家的统治权，各国宪法所确认的宪政体制不同，导致掌握统治权的核心部分存在着差异。但政党的目标是一致的，斗争的结果往往会从整体上推动宪法规则的实现。第三，政党也是宪法确认的统治关系运转的中心。政治社会中，始终存在着支配与反支配的斗争，政党则以全社会的名义，使国家权力社会化，并通过许诺、妥协、联合、对抗等方式，求得支持者，为自己支配他人的权威提供社会的基础。这也使得人们越来越重视政党的活动及其制度运作。

三、我国宪法概述

（十三）中国的宪法历史发展

中国几千年前的历史典籍中就有了"宪法"一词，但其含义仅指普通的典章法令。1898 年康有为、梁启超实行"戊戌变法"，要求"伸民权、争民主、开议院、定宪法"，揭开了中国近代立宪运动的序幕。1908 年，晚清政府颁布《钦定宪法大纲》，提出预备立法。1911 年武昌起义爆发后，晚清政府紧急炮制出《宪法重大信条十九条》（简称《十九信条》），宣布正式立宪。但若从当时的时代背景、立宪目的和内容去作进一步考察和分析，便不难得出清政府假立宪、真独裁的结论。

1912 年辛亥革命胜利后颁布的《中华民国临时约法》是中国历史上唯一的一部资产阶级共和国性质的宪法性文件。它确立了"主权在民"和"权力分立"的资产阶级民主共和制度。这部《中华民国临时约法》共 7 章，以资产阶级国家的三权分立为原则，具体设计了一套责任内阁制的国家机构。其基本精神在于扩大议会职权，限制总统权力，防止专制制度复辟。在人民的自由权利方面，也就资产阶级宪法的一般民主自由原则作了某些规定。总的来看，这部约法集中注意的是确认民主共和政体。其后的袁世凯及其继任的北洋军阀们先后制定了"天坛宪草"（即1913年《中华民国宪法草案》）、"袁记约法"（即1914年《中华民国约法》）、曹锟的"贿选宪法"（即1923年《中华民国宪法》）以及1925年胎死腹中的段祺瑞的《中华民国宪法草案》，都是用民主宪政之名行军阀专政之实。1928年后，南京国民政府先后颁布了1928年《训政纲领》、1931年《中华民国训政时期约法》、1936年"五五宪草"（即《中华民国宪法草案》）以及1947年《中华民国宪法》。

新中国成立前，中国共产党领导的各革命根据地颁发了许多重要的宪法性文件，其中有代表性的是：1931年《中华苏维埃共和国宪法大纲》、1941年《陕甘宁边区施政纲领》和1946年《陕甘宁边区宪法原则》。这些宪法性文件都是具有新民主主义性质的宪法雏形。

新中国成立前夕，第一次中国人民政治协商会议全体成员制定出建国初期起临时宪法作用的《中国人民政治协商会议共同纲领》。1954年第一届全国人民代表大会第一次全体会议以无记名投票方式一致通过中华人民共和国第一部宪法。这部宪法主要内容是：第一，规定了我国制度的基本原则。它确认了中华人民共和国是工人阶级领导的，以工农联盟为基础的人民民主国家；规定了我国的政权组织形式为实行民主集中制的人民代表大会制度。第二，它规定了我国的基本经济制度，确认了生产资料的全民所有制、合作社所有制、个体劳动者所有制和资本家所有制四种基本形式。第三，确认了公民广泛的民主权利和自由。

"文化大革命"期间制定了 1975 年宪法，它是在特殊的历史背景下制定的一部有严重缺点和问题的社会主义宪法。其主要缺陷是：第一，在指导思想上力图以根本法的形式使极"左"思潮合法化。第二，在内容上是对民主宪政和人权的大破坏。第三，随意删减宪法条文，使宪法体系残缺不全。"文革"后的 1978 年宪法一方面恢复了 1954 年宪法的很多内容，另一方面还保留了"坚持无产阶级专政下继续革命"等错误提法，对"文化大革命"仍持肯定态度。

1982 年，第五届全国人民代表大会第五次全体会议通过了新中国成立后的第四部《中华人民共和国宪法》。这部宪法是对 1954 年宪法的继承和发展，也是对十一届三中全会以来拨乱反正和民主建设成果的确认和巩固。在结构上，除序言外，分为总纲、公民的基本权利和义务、国家机构以及国旗、国徽、首都四章，共 138 条。在内容上，具有以下特点：第一，坚持四项基本原则，进行社会主义现代化建设。第二，发展民主宪政体制，恢复完善国家机构体系。第三，加强民主与法制，保障公民的基本权利和自由。第四，维护国家的统一和民族的团结。经过 1988 年、1993 年、1999 年、2004 年、2018 年的修正，宪法内容进一步完善，在我国的政治生活和社会生活中起了重要的作用。

1988 年宪法修正案是由七届全国人大一次会议于 1988 年 4 月 12 日通过的。其主要修改内容有两条：（1）宪法第十一条增加规定："国家允许私营经济在法律规定的范围内存在和发展。私营经济是社会主义公有制经济的有益补充。国家保护私营经济的合法的权利和利益，对私营经济实行引导、监督和管理。"从而确认了私营经济的法律地位。（2）将宪法第十条第四款："任何组织或者个人不得侵占、买卖、出租或者以其他形式非法转让土地。"修改为："任何组织或者个人不得侵占、买卖或者以其他形式非法转让土地，土地的使用权可以依照法律的规定转让。"这样，既坚持了原来关于土地所有权归属国家或集体的原则，又开始了实行土地有偿使用的灵活做法。

1993 年的宪法修正案是由八届人大一次会议于 1993 年 3 月 29 日通过的。其主要修改内容有：（1）在序言部分，增写了"我国正处于社会主义初级阶段""建设有中国特色社会主义的理论""坚持改革开放""中国共产党领导的多党合作和政治协商制度将长期存在和发展"等重要内容；同时将"把我国建设成为高度文明、高度民主的社会主义国家"修改为"把我国建设成为富强、民主、文明的社会主义国家"。（2）在经济制度的规定方面，确认了"农村中的家庭联产承包为主的责任制"作为集体经济的一种形式的法律地位，规定"国家实行社会主义市场经济。加强经济立法，完善宏观调控"。同时删去了有关"计划经济""国家计划"的用语，并将"国营经济""国营企业"的提法分别修改为"国有经济""国有企业"。（3）在国家机构部分，将县级国家政权机关的任期由"三年"修改为"五年"。

1999 年的宪法修正案是由九届全国人大二次会议于 1999 年 3 月 15 日通过的。主要修改内容有：（1）确立邓小平理论在国家中的指导思想地位。（2）确认"依法治国，建设社会主义法治国家"的基本方略。（3）指明"我国将长期处于社会主义初级阶段"，并规定"国家在社会主义初级阶段，坚持公有制为主体、多种所有制共同发展的基本经济制度，坚持按劳分配为主体、多种分配方式并存的分配制度"。（4）确认了"农村集体经济组织实行家庭承包经营为基础、统分结合的双层经营体制"和"在法律规定范围内的个体经济、私营经济等非公有制经济是社会主义市场经济的重要组成部分"。（5）将宪法第二十八条的"镇压叛国和其他反革命的活动"修改为"镇压叛国和其他危害国家安全的犯罪活动"。

2004年宪法修正案是十届全国人大第二次会议于2004年3月14日通过的。其主要内容包括：（1）确立了"三个代表"重要思想在国家政治和社会生活中的指导地位。（2）增加推动物质文明、政治文明和精神文明协调发展的内容。（3）在统一战线的表述中增加"社会主义事业的建设者"。（4）完善土地征用制度。（5）进一步明确国家对发展非公有制经济的方针。（6）完善对私有财产保护的规定。（7）增加建立健全社会保障制度的规定。（8）增加尊重和保障人权的规定。（9）完善全国人民代表大会组成的规定。（10）关于紧急状态的规定。（11）关于国家主席职权的规定。（12）修改乡镇政权任期的规定。（13）增加对国歌的规定。

2018年宪法修正案是十三届全国人大第一次会议于2018年3月11日通过的。其主要修改内容包括：（1）确立了科学发展观、习近平新时代中国特色社会主义思想在国家政治和社会生活中的指导地位，实现指导思想的与时俱进；（2）调整完善中国特色社会主义事业总体布局和第二个百年奋斗目标；（3）完善全面依法治国和宪法实施；（4）调整充实我国革命和建设发展历程的内容；（5）调整完善广泛的爱国统一战线和民族关系；（6）调整完善和平外交政策；（7）充实坚持和加强中国共产党全面领导；（8）增加国家倡导社会主义核心价值观这方面的内容；（9）修改完善国家主席任职任期方面的规定；（10）在宪法中增加有关设区的市的地方立法权这方面的内容；（11）适应深化国家监察体制改革的发展要求，完善了宪法这方面的制度，增加与监察委员会有关的规定；（12）修改完善全国人大专门委员会的有关规定。

我国现行宪法可以追溯到 1949 年具有临时宪法作用的《中国人民政治协商会议共同纲领》和 1954 年一届全国人大一次会议通过的《中华人民共和国宪法》。这些文献都以国家根本法的形式，确认了近代 100 多年来中国人民为反对内外敌人、争取民族独立和人民自由幸福进行的英勇斗争，确认了中国共产党领导中国人民夺取新民主主义革命胜利、中国人民掌握国家权力的历史变革。

历史总能给人以深刻启示。回顾我国宪法制度发展历程，我们愈加感到，我国宪法同党和人民进行的艰苦奋斗和创造的辉煌成就紧密相连，同党和人民开辟的前进道路和积累的宝贵经验紧密相连。

（十四）我国的国家性质

我国宪法以国家根本法的形式，确立了中国特色社会主义道路、中国特色社会主义理论体系、中国特色社会主义制度、中国特色社会主义文化的发展成果，反映了我国各族人民的共同意志和根本利益，成为历史新时期党和国家的中心工作、基本原则、重大方针、重要政策在国家法制上的最高体现。

国家的根本制度和根本任务，国家的领导核心和指导思想，工人阶级领导的、以工农联盟为基础的人民民主专政的国体，人民代表大会制度的政体，中国共产党领导的多党合作和政治协商制度、民族区域自治制度以及基层群众自治制度，爱国统一战线，社会主义法制原则，民主集中制原则，尊重和保障人权原则，等等，这些宪法确立的制度和原则，我们必须长期坚持、全面贯彻、不断发展。

1. 我国是人民民主专政的社会主义国家

改革开放以来，我们党团结带领人民在发展社会主义民主政治方面取得了重大进展，成功开辟和坚持了中国特色社会主义政治发展道路，为实现最广泛的人民民主确立了正确方向。这一政治发展道路的核心思想、主体内容、基本要求，都在宪法中得到了确认和体现，其精神实质是紧密联系、相互贯通、相互促进的。

我国现行宪法第一条规定我国是工人阶级领导的、以工农联盟为基础的人民民主专政的社会主义国家。其基本内容包括：

（1）人民民主专政实质上是无产阶级专政；（2）人民民主专政必须以工人阶级为领导、以工农联盟为基础；（3）人民民主专政是最大多数人的民主；（4）人民民主专政是民主与专政结合；（5）在人民民主专政国家政权中，建立了极其广泛的爱国统一战线，形成了中国共产党领导的多党合作和政治协商制度。

人民民主专政是以毛泽东同志为代表的中国共产党从中国革命和中国社会的实际情况出发，创造性地运用马克思主义国家理论特别是无产阶级专政理论的产物。人民民主专政实质上即无产阶级专政。无产阶级专政是马克思主义国家理论的重要组成部分，它是马克思主义经典作家以辩证唯物主义和历史唯物主义为指导创立的科学社会主义理论。人民民主专政是毛泽东和中国共产党人以马列主义为指导，创立的有中国特色的革命理论，两者有共同的理论基础。人民民主专政同无产阶级专政一样都是以工人阶级为领导，以工农联盟为基础和最高原则的国家政权。人民民主专政与无产阶级专政的国家职能是一致的，历史使命也是相同的。人民民主专政真实地反映了我国政权的性质。人民民主专政反映了我国阶级状况的变化，反映了我国阶级关系的变化，反映了我国政权民主和专政两个内容的关系。所以说人民民主专政最符合中国的国情。

中国特色社会主义最本质的特征是中国共产党领导。社会主义国家是人民当家作主的国家，必须由自身没有任何私利、代表人民利益的政党来领导，才能保证国家社会主义制度性质不被改变，人民才能真正成为国家主人。中国共产党就是这样一个始终代表着最广大人民根本利益、为建设社会主义现代化强国而不懈奋斗的先进政党，始终把党的领导与中国人民的前途命运、与社会主义的前途命运紧密相连的先进政党。正因如此，我们党决不容许出现任何动摇党的领导地位的现象。习近平总书记关于"中国特色社会主义最本质的特征是中国共产党领导"的重要论断，深刻揭示了中国共产党领导与中国特色社会主义之间内在的统一性，是科学社会主义基本原则与中国特色社会主义实际相结合形成的理论创新成果。把这一理论创新成果充实进宪法规定的国家根本制度之中，对于我们更加理性地认识和把握党的领导的重大意义，具有重要而深远的指导作用。

我国存在非常广泛的爱国统一战线。我国宪法序言中规定，社会主义的建设事业必须依靠工人、农民和知识分子，团结一切可以团结的力量。在长期的革命、建设、改革过程中，已经结成由中国共产党领导的，有各民主党派和各人民团体参加的，包括全体社会主义劳动者、社会主义事业的建设者、拥护社会主义的爱国者、拥护祖国统一和致力于中华民族伟大复兴的爱国者的广泛的爱国统一战线，这个统一战线将继续巩固和发展。

2. 我国的基本经济制度

我国在社会主义初级阶段，坚持公有制为主体、多种所有制经济共同发展的基本经济制度。社会主义公有制是我国经济制度的基础，主要包括全民所有制和劳动群众集体所有制两种形式：（1）全民所有制，即国有经济，是国民经济中的主导力量。（2）集体所有制，我国农村的集体所有制经济是在建国初期个体农业社会主义化的过程中建立起来的，而城镇的集体所有制经济则是在对手工业实行社会主义改造基础上建立起来的。改革开放以来，集体所有制经济在我国城乡得到极大的发展。目前城镇的集体所有制经济主要表现为各种形式的合作经济。

在法律范围内的个体经济、私营经济等非公有制经济，是社会主义市场经济的重要组成部分。国家允许外国的企业和其他经济组织或个人依照中国法律的规定在中国投资，同中国的企业或者其他经济组织进行各种形式的经济合作。

国家实行社会主义市场经济，集中力量进行社会主义现代化建设。国家加强经济立法，完善宏观调控，国家依法禁止任何组织或个人扰乱社会经济秩序。

社会主义公有制消灭人剥削人的制度，实行各尽所能、按劳分配的原则：国家在社会主义初级阶段，坚持按劳分配为主体、多种分配方式并存的分配制度。

市场经济要求国家平等地对待各种经济活动主体，不应搞差别对待。此外，中国加入 WTO 时已经承诺，遵守非歧视原则，"将对包括外商投资企业在内的中国企业、在中国的外国企业和个人给予相同的待遇"。因此，平等保护不同所有制下的财产是市场经济的必然要求和我国融入世界经济的前提条件。宪法第十二条规定："社会主义的公共财产神圣不可侵犯。国家保护社会主义的公共财产。禁止任何组织或者个人用任何手段侵占或者破坏国家的和集体的财产。"第十三条规定："公民的合法的私有财产不受侵犯。国家依照法律规定保护公民的私有财产权和继承权。国家为了公共利益的需要，可以依照法律规定对公民的私有财产实行征收或者征用并给予补偿。"现行宪法上述规定强调了对公民私有财产的保护。新中国成立后特别是改革开放以来，党和国家致力于发展经济和改善人民生活。党的十九大报告提出，必须坚持和完善我国社会主义基本经济制度和分配制度，毫不动摇巩固和发展公有制经济，毫不动摇鼓励、支持、引导非公有制经济发展，使市场在资源配置中起决定性作用，更好发挥政府作用，推动新型工业化、信息化、城镇化、农业现代化同步发展，主动参与和推动经济全球化进程，发展更高层次的开放型经济，不断壮大我国经济实力和综合国力。

事实证明，私人财产能否得到有效和充分的保护，对经济和社会的发展起着至关重要的作用。《中共中央关于全面推进依法治国若干重大问题的决定》指出，"社会主义市场经济本质上是法治经济"，要"健全以公平为核心原则的产权保护制度，加强对各种所有制经济组织和自然人财产权的保护"。完善保护私人财产的法律制度，这既是坚持和完善我国社会主义初级阶段基本经济制度，引导、监督和管理非公有制经济的需要，也是保障人民财产安全、促进民间投资的需要，更是全面建成小康社会的需要。

3. 我国的基本文化制度

根据我国宪法，基本文化制度主要包括下列内容：

（1）文化建设是我国社会主义现代化建设的重要内容。

（2）国家发展教育事业。国家发展社会主义的教育事业，提高全国人民的科学文化水平。国家举办各种学校，普及初等义务教育，发展中等教育、职业教育和高等教育，并且发展学前教育。国家发展各种教育设施，扫除文盲，对工人、农民、国家工作人员和其他劳动者进行政治、文化、科学、技术、业务的教育，鼓励自学成才。国家鼓励集体经济组织、国家企业事业组织和其他社会力量依照法律规定举办各种教育事业。国家推广全国通用的普通话。

（3）国家发展科学事业。国家发展自然科学和社会科学事业，普及科学和技术知识，奖励科学研究成果和技术发明创造。

（4）国家发展医疗卫生体育事业。国家发展医疗卫生事业，发展现代医药和我国传统医药，鼓励和支持农村集体经济组织、国家企业事业组织和街道举办各种医疗卫生设施，开展群众性的卫生活动，保护人民健康。国家发展体育事业，开展群众性的体育活动，增强人民体质。

（5）国家发展文学艺术及其他文化事业。国家发展为人民服务、为社会主义服务的文学艺术事业、新闻广播事业、出版发行事业、图书馆博物馆文化馆和其他文化事业，开展群众性的文化活动。国家保护名胜古迹、珍贵文物和其他重要历史文化遗产。

（6）加强思想道德建设。国家通过普及理想教育、道德教育、文化教育、纪律和法制教育，通过在城乡不同范围的群众中制定和执行各种守则、公约，加强社会主义精神文明建设。国家倡导社会主义核心价值观，提倡爱祖国、爱人民、爱劳动、爱科学、爱社会主义的公德，在人民中进行爱国主义、集体主义和国际主义、共产主义教育，进行辩证唯物主义和历史唯物主义教育，反对资本主义的、封建主义的和其他的腐朽思想。

（十五）我国的国家形式

坚持中国特色社会主义政治发展道路，关键是要坚持党的领导、人民当家作主、依法治国有机统一，以保证人民当家作主为根本，以增强党和国家活力、调动人民积极性为目标，扩大社会主义民主，发展社会主义政治文明。党的十九大报告指出："人民代表大会制度是坚持党的领导、人民当家作主、依法治国有机统一的根本政治制度安排，必须长期坚持、不断完善。要支持和保证人民通过人民代表大会行使国家权力。"我们要坚持国家一切权力属于人民的宪法理念，最广泛地动员和组织人民依照宪法和法律规定，通过各级人民代表大会行使国家权力，通过各种途径和形式管理国家和社会事务、管理经济和文化事业，共同建设，共同享有，共同发展，成为国家、社会和自己命运的主人。我们要按照宪法确立的民主集中制原则、国家政权体制和活动准则，实行人民代表大会统一行使国家权力，实行决策权、执行权、监督权既有合理分工又有相互协调，保证国家机关依照法定权限和程序行使职权、履行职责，保证国家机关统一有效组织各项事业。

1. 人民代表大会制度

我国的政权组织形式是人民代表大会制度，它包括以下基本内容：（1）国家的一切权力属于人民；（2）人民在民主基础上选派代表，组成全国人民代表大会和地方各级人民代表大会，作为人民行使国家权力的机关；（3）国家行政机关、监察机关、审判机关、检察机关由人民代表大会产生，对它负责，受它监督；（4）人民代表大会常务委员会对本级人民代表大会负责，人民代表大会对人民负责。

人民代表大会制度适合中国的国情，是我国的根本政治制度，具有很强的生命力和较大的优越性。（1）人民代表大会制度是中国人民在长期革命斗争中发展起来的，因而是最适合中国国情的；（2）人民代表大会制度比较全面地体现了我国人民民主专政的国家性质；（3）人民代表大会制度便于人民参加国家管理，保障了人民实现当家作主的权力；（4）人民代表大会制度便于集中统一地行使国家权力；（5）人民代表大会制度既能保证中央的领导，又能保证地方主动性和积极性的发挥。

1949年10月1日，中华人民共和国中央人民政府在北京宣告成立。根据起临时宪法作用的《中国人民政治协商会议共同纲领》的规定，中华人民共和国的国家政权属于人民，人民行使国家政权的机关为各级人民代表大会和各级人民政府。"在普选的全国人民代表大会召开以前，由中国人民政治协商会议的全体会议执行全国人民代表大会的职权，制定中华人民共和国中央人民政府组织法，选举中华人民共和国中央人民政府委员会，并付之以行使国家权力的职权"。中国人民政治协商会议是中国共产党领导的各民主党派、各人民团体的广泛的人民民主统一战线组织，在建国初期的历史条件下，由它代行全国人民代表大会的职权，对于团结全国人民，胜利完成当时的革命和建设任务发挥了重要作用。这是人民代表大会制度发展历史上的一个重要阶段。1953年，中国基层政权在普选的基础上，逐级召开了人民代表大会。1954年9月召开了第一届全国人民代表大会，标志着以人民代表大会为基础的国家政权制度全面确立，国家权力开始由人民选举产生的人民代表大会统一行使。1954年召开的第一届全国人民代表大会第一次会议，制定了第一部《中华人民共和国宪法》。宪法明确规定，国家一切权力属于人民，人民行使权力的机关是全国人民代表大会和地方各级人民代表大会。为了保障宪法关于人民代表大会制度的各项原则规定，第一届全国人民代表大会还先后通过了关于中国国家机构的五个组织法。根据 1954 年宪法的规定，全国人民代表大会每届任期 4 年，基层人民代表大会每届任期 2 年。从 1954 年第一届全国人民代表大会到 1965 年召开第三届全国人民代表大会第一次会议，全国人代会基本上做到按期举行。基层人民代表大会从 1953 年到 1963 年先后进行了五次选举，也基本上做到了按时选举。但是，在 1966 年至 1976 年的"文化大革命"期间，人民代表大会制度遭到了严重破坏，全国人民代表大会会议连续十年没有召开，地方各级人民代表大会的选举也十多年没有进行，这使中国的社会主义民主和社会主义法制建设受到重大损害。1979 年以后，各级人民代表大会得到恢复和逐步完善，人民代表大会的工作走上了正常轨道。1979 年 7 月，五届人大二次会议通过了 1978 年宪法修正案。1982 年 12 月，五届人大五次会议通过了现行宪法。现行宪法除了加强全国人大及其常委会的建设之外，对于健全和发展人民代表大会制度还作出了许多新的规定：（1）恢复国家主席的设立；（2）规定国务院及所属各部、各委员会和地方各级人民政府实行首长负责制，以提高行政机关的工作效率；（3）规定国家设立中央军事委员会，领导全国的武装力量；（4）规定国务院增设审计机关，依照法律独立行使审计监督权，县级以上地方各级人民政府也相应地设立审计机关，以加强对财政、财务活动的监督；（5）根据发挥中央和地方两个积极性的原则，在中央统一领导下，加强地方各级政权建设，扩大地方职权和民族区域自治地方的自治权；（6）改变农村人民公社的政社合一体制，设立乡政权以加强农村基层政权建设，以有利于集体经济的发展。

现行宪法关于人民代表大会制度的这些新规定，有利于从政治上和组织上真正保证全体人民通过全国人民代表大会和地方各级人民代表大会，更好地掌握和行使国家权力，真正成为国家的主人。1988年七届人大一次会议、1993年八届人大一次会议和1999年九届人大二次会议、2004年十届人大二次会议、2018年十三届全国人大一次会议又五次对宪法进行了修正。除制定和修改宪法以外，全国人民代表大会及其常务委员会还制定了一大批法律，包括刑事、民事、国家机构等方面的基本法律，香港特别行政区基本法和澳门特别行政区基本法，以及经济、文化、教育、科技、行政、国防、民族、环保等方面的法律，初步形成了以宪法为核心的法律体系。这些法律在国家政治生活、经济生活和社会生活等方面发挥了重要作用。全国人民代表大会及其常务委员会还审议和决定了国家的一些重大事项，包括若干个国民经济和社会发展的中长期计划、关于兴建长江三峡工程的决议等，促进了国家决策的民主化、科学化；围绕改革开放和现代化建设中的重大问题，逐步加强了对宪法、法律实施的监督，保障了宪法和法律的贯彻实施，推动了国家方针、政策的贯彻执行。全国人民代表大会及其常务委员会积极开展对外交往，增进了与外国议会和人民之间的了解和友谊，促进了国家关系的发展。

中国长期革命和建设的实践表明，人民代表大会制度是有中国特色的、符合中国国情、适合中国人民民主专政和社会主义现代化建设需要的政权组织形式。

2.基层群众性自治制度

基层群众性自治制度是指基层群众性自治组织形式及其运作方式，是我国社会主义民主制度的一个重要方面。我国宪法第二条规定："人民依照法律规定，通过各种途径和形式，管理国家事务，管理经济和文化事业，管理社会事务。"宪法第一百一十一条规定："城市和农村按居民居住地区设立的居民委员会或者村民委员会是基层群众性自治组织。"这些规定为我国基层群众性自治制度和基层民主制度建设提供了宪法依据。依据现行宪法和《居民委员会组织法》《村民委员会组织法》的规定，基层群众性自治是非政权型的自治，具有基层性、自治性、独立性等特点。

根据《居民委员会组织法》的规定，居民委员会由主任、副主任和委员 5 至 9 人组成。多民族居住的地区，应吸收人数较少的民族的居民参加委员会。居民委员会每届任期三年，可连选连任。居民委员会的任务是办理本居住地区的公共事务和公益事业，调解民间纠纷，协助维护社会治安，并且向人民政府反映群众的意见、要求和提出建议。

根据《村民委员会组织法》的规定，村民委员会由主任、副主任和委员 3 至 7 人组成。村委会成员中，妇女应有适当名额，多民族居住的村应有人数较少的民族的成员。村委员会主任、副主任和委员由村民直接选举产生。村民委员会每届任期三年，可连选连任。村民委员会的任务主要包括：协助乡、民族乡、镇的人民政府开展工作；村民委员会应当支持和组织村民依法发展各种形式的合作经济或其他经济，承担本村生产的服务和协调工作，促进农村生产建设和社会主义市场经济的发展；应当尊重集体经济组织依法独立进行经济活动的自主权，维护以家庭承包经营为基础、统分结合的双层经营体制，保障集体经济组织和村民、承包经营户、联户或者合伙的合法财产权和其他合法的权利和利益；依照法律规定，管理本村属于村农民集体所有的土地和其他财产，教育村民合理利用自然资源，保护和改善生态环境；宣传宪法、法律、法规和国家的政策，教育和推动村民履行法律规定的义务，爱护公共财产，维护村民合法的权利和利益，发展文化教育，普及科技知识，促进村与村之间的团结、互助，开展多种形式的社会主义精神文明建设活动；教育和引导村民加强民族团结、互相尊重、互相帮助等。

3. 我国的国家结构形式

我国自古以来都是统一的多民族国家，采用单一制的社会主义国家结构形式是历史的必然。根据现行宪法规定，我国分为省、自治区、直辖市；省、自治区又分为自治州、县、自治县、市；县、自治县分为乡、民族乡、镇。直辖市和较大的市分为区、县。自治州分为县、自治县、市。国家在必要时设立特别行政区。可见，我国存在三种不同的行政单位：一般行政单位、民族自治地方、特别行政区。行政区划基本上是三级，即省（自治区、直辖市）、县（自治县、县级市）、乡（民族乡、镇），在有自治州和中心城市管县（地级市）的情况下，则为四级。

我国单一制的国家结构形式大致如此：（1）普通的地方制度：在各级地方按行政区划设立各级政权机关。各级地方国家行政机关、监察机关、审判机关、检察机关都由本级人民代表大会产生；中央和地方国家机构职权的划分，遵循在中央的统一领导下，充分发挥地方的主动性、积极性的原则。（2）民族自治地方实行的民族区域自治制度：在国家统一领导下，各少数民族聚居的地方实行区域自治，设立自治机关。各民族自治地方的自治机关不仅行使宪法规定的地方国家机关的职权，同时依照宪法、民族区域自治法和其他法律规定的权限行使自治权。（3）特别行政区实行的高度自治制度：根据"一国两制"的构想，特别行政区是我国的一级地方行政区域，直辖于中央人民政府；在特别行政区不实行社会主义制度和政策，保持原有的资本主义制度和生活方式，五十年不变；特别行政区实行高度自治，享有行政管理权、立法权、独立的司法权和终审权以及自行处理有关对外事务的权力。但是中央人民政府负责管理特别行政区的外交、防务；任命特别行政区行政长官和行政机关的主要官员；全国人民代表大会常务委员会如认为特别行政区立法机关制定的法律不符合基本法，可将有关法律发回；有权决定特别行政区进入紧急状态；并对基本法有解释权；全国人民代表大会对基本法享有修改权。

（十六）我国公民的基本权利和义务

《中共中央关于全面推进依法治国若干重大问题的决定》指出："必须坚持法治建设为了人民、依靠人民、造福人民、保护人民，以保障人民根本权益为出发点和落脚点，保证人民依法享有广泛的权利和自由、承担应尽的义务，维护社会公平正义，促进共同富裕。"公民的基本权利和义务是宪法的核心内容，宪法是每个公民享有权利、履行义务的根本保证。宪法的根基在于人民发自内心的拥护，宪法的伟力在于人民出自真诚的信仰。只有保证公民在法律面前一律平等，尊重和保障人权，保证人民依法享有广泛的权利和自由，宪法才能深入人心，走入人民群众，宪法实施才能真正成为全体人民的自觉行动。

我们要依法保障全体公民享有广泛的权利，保障公民的人身权、财产权、基本政治权利等各项权利不受侵犯，保证公民的经济、文化、社会等各方面权利得到落实，努力维护最广大人民根本利益，保障人民群众对美好生活的向往和追求。我们要依法公正对待人民群众的诉求，努力让人民群众在每一个司法案件中都能感受到公平正义，决不能让不公正的审判伤害人民群众感情、损害人民群众权益。我们要在全社会加强宪法宣传教育，提高全体人民特别是各级领导干部和国家机关工作人员的宪法意识和法制观念，弘扬社会主义法治精神，努力培育社会主义法治文化，让宪法家喻户晓，在全社会形成学法尊法守法用法的良好氛围。我们要通过不懈努力，在全社会牢固树立宪法和法律的权威，让广大人民群众充分相信法律、自觉运用法律，使广大人民群众认识到宪法不仅是全体公民必须遵循的行为规范，而且是保障公民权利的法律武器。我们要把宪法教育作为党员干部教育的重要内容，使各级领导干部和国家机关工作人员掌握宪法的基本知识，树立忠于宪法、遵守宪法、维护宪法的自觉意识。法律是成文的道德，道德是内心的法律。我们要坚持把依法治国和以德治国结合起来，高度重视道德对公民行为的规范作用，引导公民既依法维护合法权益，又自觉履行法定义务，做到享有权利和履行义务相一致。

我国宪法规定，凡具有中华人民共和国国籍的人都是中华人民共和国公民。我国公民基本权利和义务具有广泛性、平等性、现实性与统一性的特点。依照宪法规定，中华人民共和国公民在行使自由和权利的时候，不得损害国家的、社会的、集体的利益和其他公民的合法的自由和权利。

1. 我国公民的基本权利

（1）公民在法律面前一律平等。

（2）政治权利和自由：①选举权和被选举权，年满十八周岁的中华人民共和国公民，都有选举权和被选举权，但依法被剥夺政治权利的人除外；②言论、出版、集会、结社、游行、示威的自由。

（3）宗教信仰自由。

（4）人身自由，包括①人身自由不受侵犯；②人格尊严不受侵犯；③住宅不受侵犯；④通信自由和通信秘密受法律保护。

（5）批评、建议、申诉、控告、检举和取得赔偿权。

（6）社会、经济、文化、教育权利：①劳动权；②休息权；③退休人员生活受保障权；④公民在年老、疾病或丧失劳动能力情况下获得物质帮助的权利；⑤受教育权；⑥进行科学研究、文学艺术和其他文化活动的自由。

（7）特定人的权利：①实行男女平等，保护妇女的权利和权益；②保护婚姻、家庭、母亲、儿童和老人；③保障残废军人及烈、军属的权利；④照顾残疾公民；⑤保护华侨的正当权利和利益，保护归侨和侨眷的合法权利和利益。

2. 我国公民的基本义务

（1）维护国家统一和各民族团结。

（2）遵守宪法和法律，保守国家秘密，爱护公共财产，遵守劳动纪律，遵守公共秩序，尊重社会公德。

（3）维护祖国的安全、荣誉和利益。

（4）保卫祖国、抵抗侵略，依法服兵役和参加民兵组织。

（5）依法纳税。

（6）其他义务：①夫妻双方实行计划生育；②父母抚养教育未成年子女；③成年子女赡养扶助父母。

3. 我国公民基本权利和义务的特点

我国现行宪法所规定的公民基本权利和义务，有下列主要特点：

（1）公民权利和义务的平等性。宪法规定体现了公民在法律上一律平等的原则。我国公民在享有宪法规定的权利上和在履行宪法规定的义务上都一律平等。

（2）公民权利和自由的广泛性。享有权利和自由的主体非常广泛。同时，公民享有的权利和自由的范围也非常广泛。

（3）公民权利和自由的现实性。我国宪法对公民基本权利和自由的规定是从我国国情即从我国政治、经济、文化和社会实际出发，是可能性和必要性的有机结合。同时，宪法对公民基本权利和自由的规定，是既有法律规定，又有物质保障的，从而是有现实性的。

（4）公民权利和义务的一致性。首先，宪法规定，公民享有的权利和要履行的义务的主体是同一的。其次，公民的某些权利和义务，如劳动权和受教育权，是结合在一起的，既是权利，又是义务。再次，权利和义务是相辅相成、互相制约的。

公民应该正确行使权利自觉履行义务。权利和自由都是相对的具体的和受限制的，作为一个国家的公民，要正确行使自己的权利，同时还要自觉履行应该承担的义务。

第一，要坚持权利和义务统一的原则。要明确，在我国没有无义务的权利，也没有无权利的义务；既然享有权利，那么就要承担相应的义务；那种法外特权思想和行为，在我国是没有地位的。

第二，不容许滥用权利，《宪法》第五十一条明确规定："中华人民共和国公民在行使自由和权利的时候，不得损害国家的、社会的、集体的利益和其他公民的合法的自由和权利。"同时，权利不能超出社会经济和由经济所制约的社会文化的发展。

第三，要自觉履行义务。《宪法》第三十三条规定："任何公民享有宪法和法律规定的权利，同时必须履行宪法和法律规定的义务。"

由于在我国作为社会基本制度的社会主义制度的建立和发展，这就确立了人民是国家和社会的主人地位，就保证了公民权利和义务的一致和统一，从而就决定了权利和义务的不可分离。公民在行使权利的同时，自觉履行义务，也就是实践和体现社会主义制度下法律面前人人平等的原则。

4. 我国公民基本权利和自由的保障

我国宪法所确认的公民的基本权利和自由，如何得以实现？需要建立一系列的保障制度。从宏观上说，对公民权利设置经济的、政治的、社会的保障制度是必不可少的。从微观上说，建立以宪法为核心、以部门法相配套的权利法律保障体制是非常重要的。我国公民基本权利的法律保障，就实现的过程而言，可以区分为预防制和救济制两种。

预防制强调国家公权力与公民私权利的界分，公权力以保护私权利为目的，以促进私权利的实现为宗旨。在技术设计上，以宪法为基础和依据，明确不同性质国家权力的界限，强化不同层次国家权力的分工，并制定相应的公权力行使的程序法，规范权力的运作，使其依照具体的法律规则办事，就是对人权保障的思考与实践。

救济制是指公民基本权利受到了公权力的侵害或者其他权利主体的侵害后，如何排除侵害进行补救的问题。从各国的宪政设计来看，实行司法独立，让司法权来裁判立法权和行政权是否符合宪法，最终达到保护公民权利的目的，是一种较为普遍的做法。目前我国的行政诉讼制度、国家赔偿制度都体现了对公民的权利进行事后救济的思想。

（十七）我国国家机构简介

根据我国现行宪法的规定，我国国家机构从横向角度，包括国家权力机关、国家主席、行政机关、国家军事领导机关、监察机关、审判机关和检察机关。从纵向角度，包括中央国家机关和地方国家机关。中央国家机关包括：全国人民代表大会及其常务委员会、国家主席、国务院、中央军事委员会、国家监察委员会、最高人民法院、最高人民检察院；地方国家机关包括地方各级人民代表大会及其常务委员会、地方各级人民政府、地方各级监察委员会、地方各级人民法院和人民检察院、民族自治地方的自治机关和特别行政区的国家机关。

1. 全国人民代表大会及其常务委员会

全国人民代表大会是最高国家权力机关，又是行使国家立法权的机关。全国人民代表大会的性质决定了它在整个国家机构体系中居于最高地位。全国人民代表大会由省、自治区、直辖市和军队选出的代表组成，各少数民族都应当有适当名额的代表。同时选举法规定，全国人民代表大会的代表人数不超过 3000 人，名额分配以一定的人口比例为基础，并适当照顾民族之间、城乡之间和某些地区人口比例的差别，各省、自治区、直辖市具体的代表名额由全国人大常委会根据情况决定。农村每一代表所代表的人口数 4 倍于城市每一代表所代表的人口数。人口特少的少数民族也至少应有一名全国人大代表。另外，香港和澳门回归后已作为我国的两个特别行政区组团参加全国人大会议。根据我国人民民主专政的国家性质，代表的构成主要是工人、农民、知识分子和国家机关工作人员。全国人民代表大会每届任期五年。如遇非常情况不能进行下届选举，由全国人民代表大会常务委员会以全体组成人员的三分之二以上的多数通过，可以推迟选举，延长本届任期，但在非常情况结束后一年内，必须完成下届全国人民代表大会代表的选举。

全国人民代表大会行使修改宪法；监督宪法的实施；制定和修改基本法律；组织其他中央国家机关；决定重大国家事项；罢

免其他中央国家机关组成人员等职权以及应当由最高国家权力机关行使的其他职权。

全国人民代表大会的工作主要是讨论、审议并通过议案，其程序是：第一，提出议案。有权提出议案的有：全国人大会议主席团、全国人大常委会、全国人大各专门委员会、国务院、中央军事委员会、国家监察委员会、最高人民法院、最高人民检察院、一个代表团或30名以上的代表。如果提出罢免案，则有特殊规定。第二，审议提案。以对国家机关提出的议案，由主席团决定交各代表团审议，或交有关的专门委员会审议并提出报告，再由主席团决定是否提交大会表决；对代表团或代表联合提出的议案，由主席团交专门委员会审议，提出是否列入大会议程的意见，再决定是否列入大会议程，或者直接由主席团决定。第三，表决议案。除宪法修正案需全体会议代表的三分之二赞成外，其他议案有过半数代表赞成即获通过。表决结果由会议主持人当场宣布。第四，公布议案。法律由国家主席以主席令的形式公布；选举结果及其他议案由全国人大主席团发布公告予以公布，或由国家主席发布命令公布。

全国人民代表大会常务委员会是全国人民代表大会的常设机关，是全国人民代表大会闭会期间经常行使国家权力的机关，又是行使国家立法权的机关。全国人民代表大会常务委员会是全国人民代表大会的组成部分，隶属于全国人民代表大会，受全国人民代表大会的领导和监督，向全国人民代表大会负责并报告工作，全国人民代表大会有权改变或撤销它的不适当的决议。全国人民代表大会常务委员会由委员长、副委员长若干人、秘书长、委员若干人组成，并应当有适当名额的少数民族代表。这些组成人员不得担任国家行政机关、监察机关、审判机关和检察机关的职务。全国人民代表大会常务委员会每届任期同全国人民代表大会每届任期相同。全国人民代表大会常务委员会委员长、副委员长连续任职不得超过两届。

全国人民代表大会常务委员会行使解释宪法和法律；监督宪法实施；制定和修改基本法律以外的其他法律；任免国家机关领导人员；决定重大国家事项；审查行政法规和地方性法规的合宪、合法性；对国务院、中央军事委员会、国家监察委员会、最高人民法院和最高人民检察院的工作进行监督；决定进入紧急状态以及全国人民代表大会授予的其他职权。

全国人民代表大会常务委员会举行会议时，全国人大各专门委员会、国务院、中央军事委员会、国家监察委员会、最高人民法院和最高人民检察院都可以向全国人大常委会提出议案。常委会组成人员十人以上联名可以向常务会提出属于其职权范围内的议案；向常委会提出的议案，由委员长会议决定是否提请常委会审议，或者先交有关的专门委员会审议，提出报告，再决定是否提请常委会审议；议案经过审议，由常委会表决通过。所有议案须经全国人民代表大会常务委员会全体组成人员的过半数通过。法律通过后由国家公布实施。其他议案由全国人大常委会自行公布。

2. 中华人民共和国主席

国家主席是我国国家机构的重要组成部分之一，是一个相对独立的国家机关。中华人民共和国主席对外代表国家。中华人民共和国主席、副主席由全国人民代表大会选举。有选举权和被选举权的年满四十五岁的中华人民共和国公民可以被选为中华人民共和国主席、副主席。中华人民共和国主席、副主席每届任期同全国人民代表大会每届任期相同。

我国国家主席的职权主要有：根据全国人民代表大会及其常务委员会的决定，公布法律，发布命令，任免国务院总理、副总理、国务委员、各部部长、各委员会主任、审计长、秘书长，授予国家的勋章和荣誉称号，发布特赦令，宣布进入紧急状态，宣布战争状态，发布动员令；代表国家进行国事活动，接受外国使节；根据全国人民代表大会常务委员会的决定，派遣和召回驻外全权代表，批准和废除同外国缔结的条约和重要协定。尽管宪法没有明确规定国家副主席的职权，但规定了副主席协助主席工作。

3. 国务院

中华人民共和国国务院，即中央人民政府，是最高国家权力机关的执行机关，是最高国家行政机关。国务院由全国人民代表大会产生，受它监督，向它负责并报告工作，在全国人民代表大会闭会期间，受全国人大常委会监督并向全国人大常委会负责。全国人民代表大会及其常务委员会通过的法律和决议要由国务院来执行。国务院是最高国家行政机关，表明国务院在整个国家行政系统中处于最高地位。国务院统一领导所属各部、各委员会的工作和全国地方各级国家行政机关的工作。全国的一切国家行政机关都必须服从它的决定和命令。

国务院由总理、副总理若干人、国务委员若干人、各部部长、各委员会主任、审计长、秘书长组成。国务院每届任期同全国人民代表大会每届任期相同。总理、副总理、国务委员连续任期不得超过两届。国务院在每届全国人大第一次会议上组成。根据我国宪法规定，国务院人选由国家主席提名，由全国人大决定；通过之后，由国家主席任命。国务院副总理、国务委员、各部部长、各委员会主任、审计长、秘书长由国务院总理提名，由全国人大决定。全国人大闭会期间，全国人大常委会可以改变除总理、副总理、国务委员以外的其他国务院组成人员的人选。

根据宪法的规定，国务院职权主要有：（1）根据宪法和法律，规定行政措施，制定行政法规，发布决定、命令；（2）提出议案；（3）组织领导全国性行政工作；（4）领导和管理各部门、各行业的行政工作；（5）保护正当和合法权益；（6）监督有关行政机关的工作；（7）全国人民代表大会及其常务委员会授予的其他职权。

国务院实行总理负责制，总理领导国务院的工作，副总理、国务委员协助总理工作。总理、副总理、国务委员和秘书长组成国务院常务会议。国务院全体会议由国务院全体成员组成。国务院工作中的重大问题，必须经国务院常务会议或者国务院全体会议讨论决定。与国务院实行总理负责制一样，国务院各部、各委员会实行部长或主任负责制。

国务院所属的部委及其他机构包括：第一，国务院办公厅，是国务院依法设立的协助国务院领导处理国务院日常工作的行政机构。国务院办公厅由秘书长领导，并设副秘书长若干人，协助秘书长工作。国务院秘书长受总理领导。第二，国务院组成部门，是依法分别履行国务院基本的行政管理职能的行政机构，包括各部、委、审计署和中国人民银行。第三，国务院直属机构，是主管国务院某项专门业务、具有独立的行政管理职能的行政机构。第四，国务院办事机构，是由国务院组成部门管理、主管特定业务的、行使行政管理职能的机构。第五，国务院议事协调机构，是承担跨国务院行政机构重要业务工作的组织协调任务的行政机构。

4. 中央军事委员会

中华人民共和国中央军事委员会领导全国武装力量，是全国武装力量的最高领导机关。中央军事委员会由主席、副主席若干人、委员若干人组成。中央军事委员会实行主席负责制，中央军事委员会对全国人民代表大会及其常委会负责。中央军事委员会每届任期同全国人民代表大会每届任期相同。

根据国防法的规定，中央军事委员会的职权是：统一指挥全国武装力量；决定军事战略和武装力量的作战方针；领导和管理军队建设，制定规划、计划并组织实施；向全国人民代表大会或全国人民代表大会常务委员会提出议案；根据宪法和法律，制定军事法规，发布决定和命令；决定军队的体制和编制，规定总部以及军区、军兵种和其他军区级单位的任务和职责；依法任免、培训、考核和奖惩武装力量成员；批准武装力量的武器装备体制和武器装备发展规划、计划，协同国务院管理和领导国防科研生产；会同国务院管理国防经费和国防资产；法律规定的其他职权。

5. 地方各级人民代表大会和地方各级人民政府

（1）地方各级人民代表大会

地方各级人民代表大会是指省、自治区、直辖市、自治州、市、县、市辖区、乡、民族乡、镇的人民代表大会。它们是本行政区域内的国家权力机关。在本行政区域内，同级人民政府、监察委员会、人民法院和人民检察院都由其产生，对它负责，受它监督。它们同全国人民代表大会一起构成我国国家权力机关体系。地方各级人民代表大会由人民选举的代表组成。乡、民族乡、镇、不设区的市、市辖区的人民代表大会的代表由选民直接选举产生；省、自治区、直辖市、自治州、设区的市的人民代表大会的代表由下级人民代表大会选举产生。地方各级人民代表大会的任期为五年。地方各级人民代表大会的主要职权：在本行政区域内，保证宪法、法律、行政法规和上级决议的遵守和执行；选举罢免本级地方国家机关组成人员或领导人员；决定重大的地方性国家事务；监督其他地方国家机关的工作；保护各种权利。此外，省、自治区、直辖市的人民代表大会，省、自治区人民政府所在地的市和经国务院批准的较大的市的人民代表大会，在不同宪法、法律、行政法规和本省、自治区的地方性法规相抵触的前提下，可以制定地方性法规。设区的市的人民代表大会和它们的常务委员会，在不同宪法、法律、行政法规和本省、自治区的地方性法规相抵触的前提下，可以依照法律规定制定地方性法规，报本省、自治区人民代表大会常务委员会批准后施行。地方各级人民代表大会的工作方式主要是举行会议。会议至少每年举行一次。经五分之一以上的人大代表提议，可以召集临时会议。县级以上地方各级人大会议由本级人大常务会召集。乡级人大会议由上一次的会议主席团负责召集。地方各级人大举行会议时先举行预备会议，选举本次会议的主席团和秘书长，通过本次会议的议程和其他准备事项的决定。地方各级人大举行会议时由主席团主持。县级以上地方各级人民政府组成人员和监察委员会主任、人民法院院长、人民检察院检察长、乡级人民政府领导人员列席本级人大会议。地方各级会议的主席团、人大常委会、专门委员会、本级人民政府及县以上人大代表 10 人以上和乡镇人大代表 5 人以上联名，可以提出属于本级人大职权范围内的议案，由主席团决定是否提交大会审议。所有议案都必须以全体代表的过半数通过。

　　县级以上的地方各级人民代表大会设立常务委员会。县级以上的地方各级人民代表大会常务委员会是本级人民代表大会的常设机关，是在本级人民代表大会闭会期间经常行使地方国家权力的机关，对本级人民代表大会负责并报告工作。省、自治区、直辖市、自治州、设区的市的人民代表大会常务委员会，由本级人民代表大会在代表中选举主任、副主任若干人、秘书长和委员若干人组成；县、不设区的市、市辖区的人民代表大会常务委员会由本级人民代表大会在代表中选举主任、副主任若干人和委员若干人组成。常务委员会组成人员不得担任国家行政机关、审判机关和检察机关职务。常务委员会每届任期同本级人民代表大会每届任期相同。其职权包括：在本行政区域内，保证宪法、法律、行政法规和上级决议的遵守和执行；主持选举和召集会议；决定本级地方国家机关组成人员或领导人员的任免或职务撤销；决定重大的地方性国家事务；监督其他地方国家机关的工作。此外，省、自治区、直辖市的人民代表大会常务委员会，省、自治区人民政府所在地的市和经国务院批准的较大的市的人民代表大会常务委员会，在不同宪法、法律、行政法规和本省、自治区的地方性法规相抵触的前提下，可以制定地方性法规。

（2）地方各级人民政府

我国的地方各级人民政府是指省、自治区、直辖市、自治州、市、县、自治县、市辖区、乡、民族乡、镇的人民政府。根据我国宪法规定，地方各级人民政府是地方各级国家权力机关的执行机关，是地方各级国家行政机关。它由同级人民代表大会产生，对同级人大及其常委会负责并报告工作。对于同级国家权力机关通过的地方性法规和决议必须贯彻执行。同时，作为地方国家行政机关，要执行上级国家行政机关的决定和命令，服从上级人民政府的领导，并向上一级人民政府负责。全国地方各级人民政府都是在国务院统一领导下的地方国家行政机关。这种体制有利于保证国家行政活动的统一性，调动地方国家行政机关的主动性，因地制宜地开展工作。

省、自治区、直辖市、自治州、设区的市的人民政府分别由省长、副省长、自治区主席、副主席、市长、副市长、州长、副州长和秘书长、厅长、局长、委员会主任等组成。县、自治县、不设区的市、市辖区的人民政府分别由县长、副县长、市长、副市长、区长、副区长和局长、科长等组成。乡、民族乡的人民政府设乡长、副乡长。镇的人民政府设镇长、副镇长。

地方各级人民政府的主要职权：执行本级地方国家权力机关的决议和上级国家行政机关的决定和命令；领导和管理本行政区域的经济、教育、科学、文化、卫生、体育事业、环境和资源保护、城乡建设事业和财政、民政、公安、民族事务、司法行政、计划生育等行政工作；保护各种合法权利。县级以上地方各级人民政府还有权发布决定和命令，规定行政措施，领导所属各工作部门和下级人民政府的工作，并有权改变或撤销所属各工作部门的不适当的命令、指示和下级人民政府不适当的决定和命令等。此外，省、自治区、直辖市的人民政府和省、自治区人民政府所在地的市和经国务院批准的较大的市的人民政府，还可以制定地方政府规章。

地方各级人民政府分别实行省长、自治区主席、市长、州长、县长、区长、乡长、镇长负责制。县级以上地方各级人民政府组成人员组成各级地方人民政府全体会议，常务会议则由县级以上的地方各级人民政府首长及其副职参加。省、自治区、直辖市、自治州和设区的市的人民政府的常务会议还有秘书长参加。政府工作中的重大问题，须经政府常务会议或全体会议讨论决定。

6. 监察委员会

监察委员会作为行使国家监察职能的专责机关，与党的纪律检查委员会合署办公，实现党性和人民性的高度统一。监察委员会是实现党和国家自我监督的政治机关，不是行政机关、司法机关。

监察委员会主任由本级人民代表大会选举产生，副主任和委员由主任提请本级人民代表大会常务委员会任免。各级监察委员会可以向本级党的机关、国家机关、经法律法规授权或者委托管理公共事务的组织和单位以及所管辖的行政区域、国有企业等派驻或者派出监察机构、监察专员。监察机关的主要职能是调查职务违法和职务犯罪，开展廉政建设和反腐败工作，维护宪法和法律的尊严；主要职责是监督、调查、处置；主要权限包括谈话、讯问、询问、查询、冻结、调取、查封、扣押、搜查、勘验检查、鉴定、留置等。

在领导体制和工作机制上，一方面，为保证党对反腐败工作的集中统一领导，党的纪律检查机关同监察委员会合署办公，履行纪检、监察两项职责，在领导体制上与纪委的双重领导体制高度一致。监察委员会在行使权限时，重要事项需由同级党委批准；国家监察委员会领导地方各级监察委员会的工作，上级监察委员会领导下级监察委员会的工作，地方各级监察委员会要对上一级监察委员会负责。另一方面，监察委员会由人大产生，就必然要对人大及其常委会负责，并接受其监督。

监察机关履行监督、调查、处置职责，行使调查权限，是依据法律授权，行政机关、社会团体和个人无权干涉。同时，有关单位和个人应当积极协助配合监察委员会行使监察权。在宪法中对这种关系作出明确规定，是将客观存在的工作关系制度化法律化，可确保监察权依法正确行使，并受到严格监督。

7. 人民法院和人民检察院

根据我国宪法和法院组织法的规定，人民法院是国家的审判机关。人民法院通过审判活动参与国家权力的行使。审判权是指法院依法审理和裁决刑事、民事案件和其他案件的权力。人民法院独立行使审判权，任何公民有权拒绝人民法院以外的机关、团体或个人的非法审判。各级人民法院由同级国家权力机关产生，对它负责并报告工作，受它监督。

最高人民法院、高级人民法院和中级人民法院分别由院长一人、副院长、庭长、副庭长、审判员若干人组成；基层人民法院由院长一人、副院长和审判员若干人组成。上述各级人民法院院长由同级人民代表大会选举和罢免；其他组成人员由同级人大常委会任免。同时，在直辖市内设立的中级人民法院和在省、自治区内按地区设立的中级人民法院院长由直辖市或省、自治区人大常委会任免。我国的各级人民法院基本上是以国家行政区为基础设置的，其系统是：最高人民法院、地方各级人民法院、专门人民法院。地方各级人民法院包括：高级人民法院、中级人民法院和基层人民法院。专门人民法院包括军事法院、海事法院、森林法院等。最高人民法院是最高审判和审判监督机关，监督地方各级人民法院和专门法院的审判工作，上级人民法院监督下级人民法院的工作。

最高人民法院审理的案件包括：法律规定由它管辖和它认为应由自己审理的第一案件；对高级人民法院、专门人民法院判决和裁定的上诉和抗诉案件；最高人民检察院按审判监督程序提出的抗诉案件。

省、自治区、直辖市设高级人民法院，审理的案件包括：法律规定由它管辖的第一审案件；下级人民法院移送审判的第一审案件；对下级人民法院判决和裁定的上诉案件和抗诉案件；人民检察院按审判监督程序提出的抗诉案件。

省、自治区按地区设中级人民法院，在直辖市设中级人民法院；在省辖市、自治区辖市、自治州设中级人民法院。其审理的案件有：法律规定由它管辖的第一审案件；基层人民法院移送的第一审案件；对基层人民法院判决和裁定的上诉案件；人民检察院按审判监督程序提出的抗诉案件。

基层人民法院是指县、自治县、不设区的市、市辖区的人民法院。审理民事、刑事和行政等第一审案件。基层人民法院可以设若干派出法庭。

我国实行的审级制度是四级两审终审制，即凡案件经两级人民法院审理即告终结的制度。对地方各级人民法院所作的第一审判决和裁定，如果当事人或他们的代理人不服，可以按法定程序向上一级人民法院上诉；如果人民检察院认为确有错误，应依法向上一级人民法院抗诉；上一级人民法院作出的判决和裁定，是终审的、发生法律效力的判决和裁定，当事人不得再上诉；最高人民法院作为第一审法院，审判的一切案件都是终审判决。

人民法院在开展审判工作中，必须遵守以下主要原则：公民在适用法律上一律平等的原则；人民法院依法独立行使审判权，不受行政机关、社会团体和个人的干涉；公开审判原则；被告人有权获得辩护的原则；各民族公民有权使用本民族语言文字进行诉讼的原则；合议制原则；回避原则。

人民检察院是国家的法律监督机关。在我国，人民检察院通过行使检察权，对各级国家机关以及国家机关工作人员、公民是否遵守宪法和法律实行监督，以保障宪法和法律的统一实施。我国宪法和人民检察院组织法规定，各级人民检察院由检察长一个、副检察长和检察员若干人组成。最高人民检察院检察长由全国人民代表大会选举和罢免。最高人民检察院副检察长、检察委员会委员和检察员由检察长提请全国人大常委会任免。地方各级人民检察院检察长由同级人民代表大会任免，并须报上一级人民检察院提请该级人大常委会批准。地方各级人民检察院的其他组成人员，由检察长提请本级人大常委会任免。各级人民检察院的任期每届均为五年。最高人民检察院检察长连续任职不得超过两届。

人民检察院的组织系统为：最高人民检察院、地方各级人民检察院和专门人民检察院。地方各级人民检察院包括：省、自治区、直辖市人民检察院；省、自治区、直辖市人民检察分院；自治州和省辖市人民检察院；县、市、自治县和市辖区人民检察院。省一级人民检察院和县一级人民检察院根据工作需要，提请本级人大常委会批准，可以在工矿区、农垦区、林区等区域设置人民检察院，作为派出机构。

最高人民检察院领导地方各级人民检察院和专门人民检察院的工作，上级人民检察院领导下级检察院的工作。这种检察机关系统中的领导关系具体表现为：第一，全国和省、自治区、直辖市人民检察院检察长有权向本级人民代表大会常务委员会提请批准任免和建议撤换下级人民检察院检察长。第二，下级人民检察院在办理重大案件中，如遇到自己不能解决的情况和困难时，上级人民检察院应及时给予支持和指示，必要时可派人协助工作，也可以把案件上调自己办理。

人民检察院依照法律规定独立行使检察权，不受行政机关、社会团体和个人的干涉。

人民法院、人民检察院和公安机关办理刑事案件，应当分工负责，互相配合，互相制约，以保证准确有效地执行法律。

（十八）我国选举制度简介

我国选举制度的基本原则是实现一切国家权力属于人民的宪法精神，保障人民参与国家管理的基本权利。

1. 选举制度的基本原则

选举制度的基本原则具体表现在：

（1）选举权的普遍性原则

宪法规定，除依照法律被剥夺政治权利的人外，凡年满18周岁的公民，不分民族、种族、性别、职业、家庭出身、宗教信仰、教育程度、财产状况、居住期限，都有选举权与被选举权。目前，我国选举权主体的范围是十分广泛的。在理解选举权普遍性原则时注意掌握以下三个问题：① 精神病患者的选举权规定。精神病患者不能行使选举权的，经选举委员会确认，不列入选民名单。精神病患者是选举权的主体，但由于其患病失去行为能力，不具备行使政治权利的实际能力，可暂不行使选举权。② 因犯危害国家安全罪或者其他严重刑事犯罪案件被羁押、正在受侦查、起诉审判的人，经人民检察院或者人民法院决定，在羁押期间停止行使选举权利。③ 根据《全国人民代表大会常务委员会关于县级以下人民代表大会直接选举的若干规定》，下列人员准予行使选举权：被判处有期徒刑、拘役、管制而没有附加剥夺政治权利的；被羁押、正在受侦查、起诉、审判，人民检察院或者人民法院没有决定停止行使选举权的；正在取保候审或者被监视居住的；正在被劳动教养的；正在受拘留处罚的。上述人员参加选举，由选举委员会和执行监禁、羁押、拘留或者劳动教养的机关共同决定，可以在流动票箱投票，或者委托有选举权的亲属或其他选民代为投票。被判处拘役、受拘留处罚或者被劳动教养的人也可以在选举日回原选区参加选举。保护上述人员依法享有的选举权具有重要的理论与实践意义。一方面，体现了我国选举权的普遍性原则，使依法享有选举权的人能够实际行使选举权；另一方面，扩大了社会主义民主的范围，有利于改造和教育罪犯，发挥各方面的积极性。根据选举法第六条的规定，旅居国外的中华人民共和国公民在县级以下人民代表大会代表选举期间在国内的，可以参加原籍地或者出国前居住地的选举。旅居国外的华侨同居住在国内的公民一样享有选举权，但因他们居住在国外，行使选举权存在实际困难。为保障华侨的选举权，选举法根据华侨的实际情况，规定华侨在选举期间在国内时，可以参加出国前居住地或原籍地的县、乡两级选举。

（2）选举权平等原则

选举权平等原则是法律面前人人平等原则的具体体现，反映了社会主义民主的性质。选举权平等的基本含义是：每一选民在一次选举中只能有一个投票权，不能同时参加两个或两个以上地方的选举；每一选民所投的票的价值与效力是一样的，不允许任何选民有特权，禁止对选民投票行为的非法的限制与歧视。我国宪法规定的选举权的平等性并不是绝对意义的平等，它着眼于实际民主，从政治、经济与文化发展的实际水平与可能性出发不断提高平等性程度。1953 年与 1979 年选举法对农村与城市每一代表所代表的人口数作了不同的规定，即县为四比一，省为五比一，全国为八比一。在当时的历史条件下这种规定是合理的，具有一定的现实基础。但客观条件发生变化以后仍维持原来的比例关系不利于体现平等原则的价值。城市数量的增加与农民结构的变化，从客观上要求适当调整原有的比例关系，缩小城乡之间的差别。1995年第八届全国人大常委会根据社会发展的实际需要，将原来的八比一、五比一、四比一的比例一律改为四比一，2010年第十一届全国人大三次会议通过了修改后的选举法，明确了实行"城乡同比"这一重要原则，体现了选举权价值向实质平等发展的客观要求。在理解选举权平等性原则时需要正确理解对少数民族选举权的特殊照顾问题，这种照顾是基于我国是多民族国家的实际与实施民族区域自治政策的需要，有利于形成民主的、平等的民族关系。

（3）直接选举与间接选举并用原则

选举方式的采用取决于一个国家的实际需要与具体条件。选举法规定：全国人民代表大会的代表，省、自治区、直辖区、设区的市、自治州的人民代表大会的代表，由下一级人民代表大会选举；不设区的市、市辖区、县、自治县、乡、民族乡、镇的人民代表大会的代表，由选民直接选举。直接选举与间接选举并用原则主要是根据国家的经济、政治与文化发展的实际情况确定的，具有现实的客观基础。县级政权是国家政权的基础，其政权的活动直接与基层人民群众的生活有关，把直接选举的范围扩大到县级，有利于发展基层人民民主，发挥人民群众的积极性，有利于对政权活动的监督。

（4）无记名投票原则

为了体现选举制度的民主性与科学性，选举法规定：全国和地方各级人民代表大会代表的选举，一律采用无记名投票的方法。选举时应当设有秘密写票处。选民如果是文盲或者因残疾不能写选票的，可以委托他信任的人代写。无记名投票方法有利于选民在不受任何干扰的情况下，按照自己的自由意志选举候选人。根据这一原则，选民在选举时只需在正式候选人姓名下注明同意或不同意，也可另选他人或者弃权。填写选票后亲手投入票箱。无记名投票原则的实行是提高选举制度的民主性，尊重选民意志的重要保障。

2. 选举程序

选举程序是选举制度的重要组成部分，是选举工作各阶段具体步骤的总称。选举程序在选举制度运行中具有不可忽视的作用，是保障选举工作正常进行，实现选举制度基本原则的基本条件。选举程序一般包括选举机构的设立、选区划分、选民登记、代表候选人的提出、选举投票等不同的环节。

（1）选区划分

选区是以一定数量的人口为基础划分的区域，是选民选举产生人民代表的基本单位。根据选举法的规定，不设区的市、市辖区、县、自治县、乡、民族乡、镇的人民代表大会的代表名额分配到选区，按选区进行选举。选区可以按居住状况划分，也可以按生产单位、事业单位、工作单位划分。在划分选区时，一般按照每一选区选一名至三名代表划分。为了确实保障投票权价值的平等，选举法第二十五条规定：本行政区域内各选区每一代表所代表的人口数应当大体平等。如果选区之间的人口数的差距过大，有可能影响选民之间投票效力的不平等，不利于实现选举权的平等原则。根据选举法的基本精神，划分选区的基本原则是：应当便于选民参加选举活动，便于选举组织工作的进行；应当便于选民了解候选人，便于代表联系选民；应当便于选民监督和罢免代表。

（2）选举机构

选举是由一系列环节组成的体系，通过具体的管理机构和机制得以运行。选举机构是负责办理选举事务的机关。选举机构活动的基本原则是：①公正原则。从选举机构的设置到具体活动过程中要以公正作为基本的价值目标，使选举管理与社会主体的意志尽可能趋于一致；②民主原则。社会主体意志的社会化与集中主要通过选举活动得到表现，而选举管理活动中所体现的民主原则可以保证选举过程的民主与选举结果的合法性。③合法性原则。选举管理作为一个系统与程序，每一个环节都以合法性为基础，严格按照法律规定的程序进行。根据选举法的规定，我国的选举机构体系包括：全国人民代表大会常务委员会主持全国人民代表大会代表的选举；省、自治区、直辖市、设区的市、自治州的人民代表大会常务委员会主持本级人民代表大会代表的选举，并指导本行政区域内县级以下人民代表大会代表的选举工作；不设区的市、市辖区、县、自治县设立选举委员会，选举委员会受本级人民代表大会常务委员会的领导；乡、民族乡、镇设立选举委员会，选举委员会受不设区的市、市辖区、县、自治县的人民代表大会常务委员会的领导。选举委员会是组织和管理选举工作的机构，有权监督选举的进行过程。

（3）选民登记

选民登记是选举工作的重要环节，是公民取得选民资格的基本程序。根据选举法的规定，选民登记按选区进行，它是国家依法对选民资格进行的法律认可。凡年满十八周岁未被剥夺政治权利的公民都应列入选民名单。选民名单应在选举日的二十日以前公布，并发给选民证。对于公布的选民名单有不同意见的，可以在选民名单公布之日起五日内向选举委员会提出申诉。选举委员会对申诉意见，应在三日内作出处理决定。申诉人对处理决定不服时，可以在选举日的五日以前向人民法院起诉，人民法院应在选举日以前作出判决，其判决为最后决定。经过登记确认的选民资格长期有效。

（4）代表候选人的提名

在整个选举工作中，候选人的提名方式与社会效果是评价选举人，制度民主程度的重要因素。

①代表候选人产生。根据选举法的规定，全国和地方各级人民代表大会的代表候选人，按选区或者选举单位提名产生。各政党、各人民团体，可以联合或者单独推荐代表候选人。选民或者代表十人以上联名，也可以推荐代表候选人。县级以上各级人民代表大会选举上一级人民代表大会代表时，代表候选人不限于各该级人民代表大会的代表。

②差额选举。为了保证选举过程的民主性与公正性，选举法规定在候选人提名过程中实行差额选举原则：全国和地方各级人民代表大会代表候选人的名额，应多于应选代表的名额。由选民

直接选举代表的，候选人名额应多于应选代表名额的三分之一至一倍；由县级以上的地方各级人民代表大会选举上一级人民代表大会代表的，候选人的名额应多于应选代表名额的五分之一至二分之一。差额比例的确定有利于选民根据自己的自由意志选择满意的候选人。

③正式代表候选人名单的确定。为了提高投票的质量与有效性，选举法对正式代表候选人的确定程序与内容作了原则性的规定。选举法对直接选举中正式代表候选人的确定程序作了如下规定：由选民直接选举人民代表大会代表的，代表候选人由各选区选民和各政党、各人民团体提名推荐。选举委员会汇总后，将代表候选人名单及代表候选人的基本情况在选举日的十五日以前公布，并交各该选区的选民小组讨论、协商，确定正式代表候选人名单。如果所提代表候选人的人数超过选举法第三十条规定的最高差额比例，由选举委员会交各该选区的选民小组讨论、协商，根据较多数选民的意见，确定正式代表候选人名单；对正式代表候选人不能形成较为一致意见的，进行预选，根据预选时得票多少的顺序，确定正式代表候选人名单。正式代表候选人名单及代表候选人的基本情况应当在选举日的七日以前公布。在间接选举中如果所提候选人的人数超过选举法规定的最高差额数时，也可以进行预选，根据预选时得票多少的顺序，按照本级人民代表大会的选举办法根据本法确定的具体差额比例，确定正式代表候选人名单，进行投票选举。选举法规定的预选制是在特定情况下采用的一种补充手段，不同于正式选举。正式选举产生的是应选人，而预选制产生的只是正式候选人，在具体的选举程序方面两者也

有不同点。实行预选制的意义在于：预选制是发扬民主，尊重选民意志的有效形式；预选制是实行差额选举的一种补充，有利于发挥选民的积极性；预选制的采用进一步规范了选举中正式候选人产生过程的程序。

④候选人的介绍。候选人介绍制度是整个候选人制度的一项重要内容，在一定程度上决定着代表的素质与选民参与选举的政治热情。因此，完善候选人制度的关键是保障选民对候选人的了解权与候选人的被了解权。选举法第二十九条规定，推荐者应向选举委员会或者大会主席团介绍代表候选人的情况，但选举日必须停止对代表候选人的介绍。推荐代表候选人的政党、人民团体、选民、代表可以在选民小组或者代表小组会议上介绍所推荐的代表候选人的情况。

⑤选举投票。选举投票是选举程序的重要环节，是选民行使选举权的集中体现。在选民直接选举人民代表大会代表时，各选区应该设立投票站或者召开选举大会投票，由选举委员会主持。间接选举的投票由该级人民代表大会主席团主持。投票结束以后，进入选举结果的确定程序，其内容包括：第一，确定选举是否有效。在直接选举时，选区全体选民过半数参加投票选举有效，每次选举所投的票数多于投票人数的无效，等于或者少于投票人数的有效。第二，代表候选人当选的确定。在直接选举中，代表候选人获得参加投票的选民过半数选票即可当选。间接选举时，代表候选人须获得全体代表的过半数选票才能当选。第三，宣布选举结果。选举结果由选举委员会或者人民代表大会主席团根据选举法确定是否有效，并予以宣布。

⑥代表辞职。根据选举法的规定代表可以提出辞职，其具体程序是：全国人民代表大会代表，省、自治区、直辖市、设区的市、自治州的人民代表大会代表，可以向选举他的人民代表大会的常务委员会书面提出辞职。县级的人民代表大会代表可以向本级人民代表大会常务委员会书面提出辞职，乡级的人民代表大会代表可以向本级人民代表大会书面提出辞职。

3. 罢免制度

罢免制度是民主选举制度的重要组成部分，直接影响选举制度的社会效果。我国选举法从发展社会主义民主的根本目的出发规定了对人民代表的监督与罢免程序。根据宪法和选举法的规定，选民或者选举单位有权罢免自己选出的代表。在直接选举中选民成为罢免权主体，在间接选举中选举单位成为罢免权主体。

有关罢免代表的法律程序，选举法作了如下规定：对于县级的人民代表大会代表，原选区选民五十人以上联名，对于乡级的人民代表大会代表，原选区选民三十人以上联名，可以向县级的人民代表大会常务委员会书面提出罢免要求。县级以上的地方各级人民代表大会举行会议的时候，主席团或者十分之一以上代表联名，可以提出对由该级人民代表大会选出的上一级人民代表大会代表的罢免案。在人民代表大会闭会期间，县级以上的地方各级人民代表大会常务委员会主任会议或者常务委员会五分之一以上组成人员联名，可以向常务委员会提出对由该级人民代表大会选出的上一级人民代表大会代表的罢免案。

提出罢免要求时，应当写明罢免理由，其中包括被罢免者违法乱纪及不履行代表义务的事实情况及有关材料、涉及的法律条文及其具体的理由。由于罢免案的提出采取书面形式，故罢免理由的陈述对于行使罢免权具有重要的意义。由于罢免是一件十分严肃的法律行为，法律对被提出罢免的代表权利的保护给予了很大的关注。选举法规定，县级的人民代表大会代表被提出罢免的，有权在选民会议上提出申辩意见，也可以书面提出申辩意见。县级的人民代表大会常务委员会应当将罢免要求和被提出罢免的代表的书面申辩意见印发原选区选民。县级以上的地方各级人民代表大会举行会议的时候，被提出罢免的代表有权在主席团会议和大会全体会议上提出申辩意见，或者书面提出申辩意见，由主席团印发会议。罢免案经会议审议后，由主席团提请全体会议表决。县级以上的地方各级人民代表大会常务委员会举行会议的时候，被提出罢免的代表有权在主任会议和常务委员会全体会议上提出申辩意见，或者书面提出申辩意见，由主任会议印发会议。罢免案经会议审议后，由主任会议提请全体会议表决。

罢免代表采用无记名投票的表决方式。罢免县级和乡级的人民代表大会代表，须经原选区过半数的选民通过。罢免由县级以上的地方各级人民代表大会选出的代表，须经各该级人民代表大会过半数的代表通过；在代表大会闭会期间，须经常务委员会组成人员的过半数通过。罢免的决议，须报送上一级人民代表大会常务委员会备案、公告。

依法定程序通过的罢免决议产生法律效力，除代表职务被撤销外，其他担任的职务也相应撤销。县级以上的各级人民代表大会常务委员会组成人员，全国人民代表大会和省、自治区、直辖市、设区的市、自治州的人民代表大会专门委员会成员的代表职务被罢免的，其常务委员会组成人员或者专门委员会成员的职务相应撤销，由主席团或者常务委员会予以公告。乡、民族乡、镇的人民代表大会主席、副主席的代表职务被罢免的，其主席、副主席的职务相应撤销，由主席团予以公告。常务委员会组成人员、专门委员会成员的职务是基于人民代表的身份而取得的，一旦失去人民代表的职务，其他与权力机关工作有关的职务行使自然失去基础，不能继续履行，因此相应撤销其职务是合理的。

（十九）中国共产党领导的多党合作制度和政治协商制度

中国共产党领导的多党合作和政治协商制度是我国的一项基本政治制度，是具有中国特色的社会主义政党制度。习近平在庆祝中国人民政治协商会议成立 65 周年大会上指出：要坚持和完善中国共产党领导的多党合作和政治协商制度，完善工作机制，搭建更多平台，为民主党派和无党派人士在政协更好发挥作用创造条件。《中共中央关于全面推进依法治国若干重大问题的决定》指出，"坚持和完善中国共产党领导的多党合作和政治协商制度"，"加强社会主义协商民主制度建设，推进协商民主广泛多层制度化发展，构建程序合理、环节完整的协商民主体系"。党的十九大报告指出：协商民主是实现党的领导的重要方式，是我国社会主义民主政治的特有形式和独特优势。要推动协商民主广泛、多层、制度化发展，统筹推进政党协商、人大协商、政府协商、政协协商、人民团体协商、基层协商以及社会组织协商。加强协商民主制度建设，形成完整的制度程序和参与实践，保证人民在日常政治生活中有广泛持续深入参与的权利。

1. 中国共产党领导的多党合作制度

中国共产党领导的多党合作制度是一项具有中国特色的社会主义政党制度，是我国民主制度的重要组成部分。它明显不同于西方国家的两党制和多党制，在性质上也区别于某些西方国家多党制下的一党长期独立执政的政党制度。从形式上讲，它同样有别于前苏联等社会主义国家的一党制。这种制度是指在我国社会主义国家中，作为工人阶级先锋队的执政党邀请其他政党参与执政，共同管理国家事务。它根源于我国的国家性质即以工人阶级为领导，以工农联盟为基础的人民民主专政。其具体表现为：中国共产党居于国家政权的领导地位，是执政党；而各民主党派则是同中国共产党合作的参政党。但这种合作以接受中国共产党的领导为前提。目前，同中国共产党合作共事的有 8 个民主党派。它们是：中国国民党革命委员会、中国民主同盟、中国民主建国会、中国民主促进会、中国农工民主党、中国致公党、九三学社、台湾民主自治同盟。

中国共产党领导的多党合作制度是在我国新民主主义革命、社会主义革命、建设、改革的历史进程中，在共产党与各民主党派长期合作的基础上逐渐形成和发展起来的，因而是我国具体历史条件下的产物。

1949 年召开的中国人民政治协商会议，标志着多党合作制作为一种政党制度正式走向制度化。中国共产党与各民主党派共同参加了中国人民政治协商会议第一届全体会议，制定了起临时宪法作用的《中国人民政治协商会议共同纲领》。同时，各民主党派积极参加了第一届中央人民政府的组织，有27名民主党派人士和无党派人士担任中央人民政府的副主席、副总理、部长、副部长。中国人民政治协商会议召开的意义在于：第一，各民主党派承认中国共产党的领导地位，为多党合作制的顺利发展创造了前提。第二，自此以后，中国共产党与各民主党派的长期合作有了重要的组织形式和稳固的组织机构。中国人民政治协商会议的召开，在中国多党合作制度形成发展史上具有承前启后、继往开来的作用。我国实行改革开放政策后，中国共产党对有关民主党派和统一战线的政策进行了总结。1982年9月，党的十二大报告指出："我们党要继续坚持'长期共存、互相监督、肝胆相照、荣辱与共'的方针，加强同各民主党派、无党派民主人士、少数民族人士和宗教界爱国人士的合作。"中国共产党与各民主党派团结合作的十六字基本方针保证了中国共产党与各民主党派的平等合作、互相制约、长期共存。1987年10月，党的十三大报告肯定了多党合作的十六字方针，同时正式提出了"中国共产党领导下的多党合作和政治协商制度"，还确认多党合作和政治协商制度是国家的一项基本政治制度。1989年12月，中共中央正式通过了《关于坚持和完善中国共产党领导的多党合作和政治协商制度的意见》（以下简称《意见》），该《意见》更为直接地界定了多党合作的性质："中国共产党是社会主义事业的领导核心，是执政党。各民主党派是各自所联系的一部分社会主义劳动者和一部分拥护社会主义的爱国者的政治联盟，是接受中国共产党领导的，同中共通力合作，共同致力于社会主义事业的亲密友党，是参政党。"这份文件宣告了新时期中国共产党的统一战线政策，是关于多党合作的政党制度的重要指导文件。1993年的宪法修正案体现了该《意见》的精神。这次的宪法修正案在宪法序言第十自然段末尾增加："中国共产党领导的多党合作和政治协商制度将长期存在和发展。"这就为多党合作的政党制度提供了宪法依据，使我国多党合作的政党制度进入了一个新的阶段。

该《意见》中明确指出："民主党派参政的基本点是：参加国家政权，参与国家大政方针和国家领导人人选的协商，参与国家事务的管理，参与国家方针、政策、法律、法规的制定执行。"《意见》规定，发挥各民主党派监督作用的总原则是：在四项基本原则的基础上，发扬民主，广开言路，鼓励和支持民主党派与无党派人士对党和国家的方针政策、各项工作提出意见、批评、建议，做到知无不言，言无不尽，并且勇于坚持正确的意见。

多党合作的形式是多种多样的。从中华人民共和国成立到"文化大革命"前，中国共产党领导的多党合作的主要形式有：双周座谈会、最高国务会议、中国共产党同各民主党派和无党派人士的协商座谈会、中国人民政治协商会议、参加人大和政府工作等。

根据该《意见》，在目前阶段，中国共产党同各民主党派和无党派人士进行合作和协商的形式有以下几种：

（1）以会议形式进行政治协商，主要是民主协商会、谈心会、座谈会，内容是对中共中央提出的大政方针进行协商，通报或交流重要情况，传达重要文件，听取民主党派、无党派人士提出的政策建议，就共同关心的问题自由交谈、沟通思想。除此以外，中国人民政治协商会议是多党合作与政治协商的重要形式之一。

（2）通过国家权力机关参政议政。民主党派和无党派人士积极参加各级人大代表的选举，直接投身于人大，通过人大积极发挥人民代表的作用，行使人民的权力。作为来自民主党派的人民代表，他们享有各种作为代表应享有的权利，使他们能够发挥各自所代表的党派的影响力，参加或者影响政治决策和其他决策过程。

（3）担任各级政府及司法机关的领导职务。除了作为人民代表在人民代表大会内直接参政议政之外，民主党派和无党派人士还可担任国家行政机关和司法机关的领导职务。他们在这些机关中与中共党员领导干部合作共事。

此外，《意见》还提出了一些其他合作共事的形式。主要有：

（1）国务院和地方各级人民政府召开全体会议和有关会议讨论工作时，可视需要邀请有关民主党派和无党派人士列席。

（2）政府及其有关部门可聘请民主党派成员和无党派人士兼职，担任顾问或参加咨询机构，也可就某些专题，请民主党派进行研究调查，提出建议。

（3）政府有关部门可就专业性问题同民主党派对口协商，在决定某些重大政策措施前，组织有关民主党派座谈，征求意见。

（4）注意在政府参事室中适当安排民主党派成员和无党派

人士，发挥他们的咨询作用。

（5）聘请一批符合条件和有专门知识的民主党派成员、无党派人士担任特约监察员、检察员、审计员和教育督导员等。

（6）政府监督、审计、工商等部门组织的重大案件调查，以及税收等检查，可吸收民主党派成员、无党派人士参加等。

2. 中国人民政治协商制度

中国人民政治协商制度是中国共产党领导的多党合作和政治协商制度的重要内容之一，通过政治协商，中国共产党和各民主党派以及无党派人士团结合作，互相监督，共同致力于建设中国特色社会主义和统一祖国、振兴中华的伟大事业。

中国人民政治协商制度的基本特点主要有：（1）坚持四项基本原则，是多党合作的政治基础。中国共产党是社会主义事业的领导核心，是执政党；各民主党派是各自所联系的一部分社会主义劳动者和一部分拥护社会主义的爱国者联盟，是同中国共产党通力合作、共同致力于社会主义事业的亲密战友，是参政党。中国共产党对各民主党派的领导是政治原则、政治方向和重大方针政策的领导。各民主党派在同中国共产党的合作中认识到，否定了共产党领导，就否定了自己的历史道路和前进方向。（2）长期共存、互相监督、肝胆相照、荣辱与共，是多党合作的基本方针。中国共产党处于执政地位，领导着拥有十几亿人口的国家，非常需要听到各种意见和批评，接受广大人民群众的监督。充分发挥和加强民主党派参政和监督的作用，对于加强和改善中国共产党的领导，推进社会主义民主政治建设等方面具有重要意义。"肝胆相照、荣辱与共"真实反映了中国共产党同各民主党派相互信任、真诚合作的关系。（3）各民主党派都参与国家大政方针和国家领导人选的协商，参与国家事务的管理，参与国家方针、政策、法律、法规的制定执行。民主党派的领导人和许多成员参加了国家政权机关的工作，被选举为各级人大代表和政协委员，其中还有不少担任各级人大、政府和政协的领导职务。（4）中国共产党和各民主党派都必须以宪法为根本活动准则。中国共产党和各民主党派都负有维护宪法尊严、保证宪法实施的职责，同时又共同负有保卫国家安全、维护社会安定团结的责任。

中国人民政治协商会议（简称人民政协）是中国人民爱国统一战线的组织，是中国共产党领导的多党合作和政治协商的重要机构，是我国政治生活中发扬社会主义民主的重要形式，是国家治理体系的重要组成部分，是具有中国特色的制度安排。中国人民政治协商会议是在新中国成立前夕，由中国共产党和各民主党派、无党派人士、各人民团体、各界人士共同建立的，具有广泛代表性的中国人民爱国统一战线组织。中国人民政治协商会议又称"新政协"，以别于1946年在重庆召开的"旧政协"。1948年，中国共产党号召召开新的政治协商会议，以扩大、巩固人民民主统一战线。1949年6月新政治协商会议筹备会在北平（今北京）召开。后来，周恩来提出：许多团体都冠以人民两字，政协何不采用？这个意见被采纳了。因为人民包括工、农、城市小资产阶级、民族资产阶级和其他爱国分子，人民民主的性质鲜明。1949年9月17日筹备会的第二次会议决定将"新政治协商会议"改称为"中国人民政治协商会议"，简称"人民政协"。

　　根据政协章程规定：中国人民政治协商会议全国委员会由中国共产党、各民主党派、无党派人士、人民团体、各少数民族和各界的代表，香港特别行政区同胞、澳门特别行政区同胞、台湾同胞和归国侨胞的代表以及特别邀请的人士组成，设若干界别。中国人民政治协商会议地方委员会的组成，根据当地情况，参照全国委员会的组成决定。人民政协设立了以下的会议制度：会议是人民政协履行职能和政协委员参政议政的一种基本形式。人民政协现有的会议制度主要有：全国或地方委员会全体会议制度、常务委员会会议制度、主席会议制度、常务委员专题座谈会制度、秘书长会议制度、专门委员会会议制度。除此之外，还根据形势和工作需要召开各种形式的协商座谈会、情况通报会、意见听取会、研讨会等。政协委员的权利有：（1）在本会会议上有表决权、选举权和被选举权；（2）有对本会工作提出批评和建议的权利；（3）有通过本会会议和组织充分发表各种意见、参加讨论国家大政方针和各该地方重大事务的权利；（4）有对国家机关和国家工作人员的工作提出建议和批评的权利；（5）有对违纪违法行为检举揭发、参与调查和检查的权利；（6）有声明退出政协的自由；（7）在受到警告或撤销参加资格的处分时，如果不服，有请求复议的权利。政协章程规定的委员义务有：遵守和履行政协章程；遵守和履行本委员会全体委员会议和常务委员会会议决议；地方政协委员还应遵守和履行政协全国委员会的全国性决议和上级地方委员会的全地区性的决议。

（二十）我国的宪法监督体制

宪法与国家前途、人民命运息息相关。维护宪法权威，就是维护党和人民共同意志的权威。捍卫宪法尊严，就是捍卫党和人民共同意志的尊严。保证宪法实施，就是保证人民根本利益的实现。只要我们切实尊重和有效实施宪法，人民当家作主就有保证，党和国家事业就能顺利发展。反之，如果宪法受到漠视、削弱甚至破坏，人民权利和自由就无法保证，党和国家事业就会遭受挫折。党的十九大报告指出："加强宪法实施和监督，推进合宪性审查工作，维护宪法权威。"因此，我们要健全权力运行制约和监督体系，有权必有责，用权受监督，失职要问责，违法要追究，保证人民赋予的权力始终用来为人民谋利益。

我国现行宪法沿袭 1954 年宪法和 1978 年宪法的规定，实行最高国家权力机关的宪法监督制。在原有规定的基础上，总结我国的实践经验，借鉴其他国家的有益做法，进一步发展了我国的宪法监督制度，形成了现行的富有特色的最高国家权力机关监督制。

现行宪法序言最后一段规定："本宪法以法律的形式确认了中国各族人民奋斗的成果，规定了国家的根本制度和根本任务，是国家的根本法，具有最高的法律效力。"该规定为我国建立并完善宪法监督制度提供了依据。

现行宪法第五条规定："中华人民共和国实行依法治国，建设社会主义法治国家。国家维护社会主义法制的统一和尊严。一切法律、行政法规和地方性法规都不得同宪法相抵触。一切国家机关和武装力量、各政党和各社会团体、各企业事业组织都必须遵守宪法和法律。一切违反宪法和法律的行为，必须予以追究。任何组织或者个人都不得有超越宪法和法律的特权。"该规定为全国人大及其常委会行使宪法监督权提供了总的原则。

在 1954 年宪法和 1978 年宪法规定"全国人民代表大会监督宪法实施"的基础上，现行宪法第六十七条增加规定，全国人大常委会也有权监督宪法的实施。增加此规定是为了弥补因全国人大为非常设机关，无法进行日常的宪法监督活动的缺陷，增加了宪法监督的操作性。

在全国人大常委会权力增大，特别是拥有国家立法权的情况下，为了更有力地监督全国人大常委会，现行宪法第六十二条第十二项规定，全国人大有权"改变或者撤销全国人民代表大会常务委员会不适当的决定。"

现行宪法第七十条、全国人大组织法第三十七条第三项规定，由各专门委员会协助全国人大及其常委会行使宪法监督权；各专门委员会审议全国人大及其常委会交付的被认为同宪法、法律相抵触的国务院的行政法规、规定和命令，国务院各部各委员会的命令、指示和规章，省、自治区、直辖市的人民代表大会和它的常务委员会的地方性法规和决议，以及省、自治区、直辖市的人民政府的决定、命令和规章，提出报告；各专门委员会的审议活动属于预防性原则审查，既可在规范性文件颁布前进行，也可以在实施以后进行。各专门委员会属于常设机关，由它们协助全国人大及其常委会行使宪法监督权，承担大量事务性的准备工作，能够保证全国人大及其常委会更充分地行使宪法监督权，避免 1954 年宪法和 1978 年宪法仅全国人大有宪法监督权的弊端。

现行宪法规定，全国人大及其常委会认为必要时，可以组织特定问题的调查委员会。全国人大及其常委会当然也可以成立对违宪问题进行调查和处理的调查委员会。

现行宪法以及立法法规定了一套对规范性文件的监督体系：（1）全国人大有权改变或者撤销全国人大常委会不适当的决定；（2）全国人大常委会有权撤销国务院制定的同宪法、法律相抵触的行政法规、决定和命令，有权撤销省、自治区、直辖市国家权力机关制定的同宪法、法律和行政法规相抵触的地方性法规和决议；（3）国务院有权改变各种撤销各部各委员会发布的不适当的命令、指示和规章，有权改变或者撤销地方各级国家行政机关的不适当的决定和命令；（4）县级以上的地方各级人大有权改变或者撤销本级人大常委会不适当的决定；（5）县级以上地方各级人大常委会有权撤销本级人民政府的不适当的决定和命令，撤销下一级人大的不适当的决议；（6）县级以上的地方各级人民政府有权改变或者撤销所属各工作部门和下级人民政府的不适当的决定。全国人大及其常委会对一切违宪行为进行监督，同时，上级国家机关对下级相应国家机关也能进行监督。这一套对规范性文件进行监督的体系，是我国宪法监督制度的重要组成部分，可以说它是我国现行宪法对最高国家权力机关监督制的重大发展与具体体现。

此外，现行宪法第一百条规定，省、直辖市的人民代表大会和它们的常务委员会，在不同宪法、法律、行政法规相抵触的前提下，可以制定地方性法规，报全国人民代表大会常务委员会备案；设区的市的人民代表大会和它们的常务委员会，在不同宪法、法律、行政法规和本省、自治区的地方性法规相抵触的前提下，可以依照法律规定制定地方性法规，报本省、自治区人民代表大会常务委员会批准后施行。第一百一十六条规定，自治区的自治条例和单行条例，报全国人民代表大会常务委员会批准后生效。自治州、自治县的自治条例和单行条例，报省或者自治区的人民代表大会常务委员会批准后生效，并报全国人民代表大会常务委员会备案。现行宪法要求有些法律文件需要备案，有些法律文件需要批准，宪法监督机关即可以通过备案或者批准程序，发现违宪问题，及时予以纠正。

全国人大及其常委会行使宪法监督权，主要通过以下方式发现规范性文件是否与宪法相抵触：（1）审议议案，包括法律案和有关重大问题的决议案；（2）听取并审议工作报告；（3）组织调查委员会；（4）代表质询和视察；（5）行使罢免权；（6）批准法律文件或者审查备案的法律文件。全国人大及其常委会如果认为某项规范性文件与宪法相抵触，有权予以撤销。

2018年宪法修正案将全国人大法律委员会更名为全国人大宪法和法律委员会。这贯彻体现了党的十九大精神，即加强宪法实施和监督，推进合宪性审查，维护宪法权威，也有利于完善全国人大专门委员会的设置。把法律委员会修改为宪法和法律委员会，在全国人大专门委员会这个层面上首次出现"宪法"，是加强全国人大在宪法方面的工作的一个重要举措。

伴随着社会主义市场经济体制的逐步完善，法治环境的不断改善，保障宪法秩序和保障公民基本权利的双重任务比以往任何时候都更加突出和重要。与之相适应，我国宪法所确立的最高国家权力机关监督制也将进一步发展并日趋完善。我们要以宪法为最高法律规范，继续完善以宪法为统帅的中国特色社会主义法律体系，把国家各项事业和各项工作纳入法制轨道，有法可依、有法必依、执法必严、违法必究，维护社会公平正义，实现国家和社会生活制度化、法制化。

附录 1

中华人民共和国宪法

（1982 年 12 月 4 日第五届全国人民代表大会第五次会议通过 1982 年 12 月 4 日全国人民代表大会公告公布施行 根据 1988 年 4 月 12 日第七届全国人民代表大会第一次会议通过的《中华人民共和国宪法修正案》、1993 年 3 月 29 日第八届全国人民代表大会第一次会议通过的《中华人民共和国宪法修正案》、1999 年 3 月 15 日第九届全国人民代表大会第二次会议通过的《中华人民共和国宪法修正案》、2004 年 3 月 14 日第十届全国人民代表大会第二次会议通过的《中华人民共和国宪法修正案》和 2018 年 3 月 11 日第十三届全国人民代表大会第一次会议通过的《中华人民共和国宪法修正案》修正）

目　录

序　言

第一章　总纲

第二章　公民的基本权利和义务

第三章　国家机构

　　第一节　全国人民代表大会

　　第二节　中华人民共和国主席

　　第三节　国务院

　　第四节　中央军事委员会

　　第五节　地方各级人民代表大会和地方各级人民政府

　　第六节　民族自治地方的自治机关

　　第七节　监察委员会

　　第八节　人民法院和人民检察院

第四章　国旗、国歌、国徽、首都

序　言

　　中国是世界上历史最悠久的国家之一。中国各族人民共同创造了光辉灿烂的文化，具有光荣的革命传统。

一八四〇年以后，封建的中国逐渐变成半殖民地、半封建的国家。中国人民为国家独立、民族解放和民主自由进行了前仆后继的英勇奋斗。

二十世纪，中国发生了翻天覆地的伟大历史变革。

一九一一年孙中山先生领导的辛亥革命，废除了封建帝制，创立了中华民国。但是，中国人民反对帝国主义和封建主义的历史任务还没有完成。

一九四九年，以毛泽东主席为领袖的中国共产党领导中国各族人民，在经历了长期的艰难曲折的武装斗争和其他形式的斗争以后，终于推翻了帝国主义、封建主义和官僚资本主义的统治，取得了新民主主义革命的伟大胜利，建立了中华人民共和国。从此，中国人民掌握了国家的权力，成为国家的主人。

中华人民共和国成立以后，我国社会逐步实现了由新民主主义到社会主义的过渡。生产资料私有制的社会主义改造已经完成，人剥削人的制度已经消灭，社会主义制度已经确立。工人阶级领导的、以工农联盟为基础的人民民主专政，实质上即无产阶级专政，得到巩固和发展。中国人民和中国人民解放军战胜了帝国主义、霸权主义的侵略、破坏和武装挑衅，维护了国家的独立和安全，增强了国防。经济建设取得了重大的成就，独立的、比较完整的社会主义工业体系已经基本形成，农业生产显著提高。教育、科学、文化等事业有了很大的发展，社会主义思想教育取得了明显的成效。广大人民的生活有了较大的改善。

中国新民主主义革命的胜利和社会主义事业的成就，是中国共产党领导中国各族人民，在马克思列宁主义、毛泽东思想的指引下，坚持真理，修正错误，战胜许多艰难险阻而取得的。我国将长期处于社会主义初级阶段。国家的根本任务是，沿着中国特色社会主义道路，集中力量进行社会主义现代化建设。中国各族人民将继续在中国共产党领导下，在马克思列宁主义、毛泽东思想、邓小平理论、"三个代表"重要思想、**科学发展观、习近平新时代中国特色社会主义思想**指引下，坚持人民民主专政，坚持社会主义道路，坚持改革开放，不断完善社会主义的各项制度，发展社会主义市场经济，发展社会主义民主，健全社会主义法**治，贯彻新发展理念，**自力更生，艰苦奋斗，逐步实现工业、农业、国防和科学技术的现代化，推动物质文明、政治文明、精神文明、**社会文明、生态文明**协调发展，把我国建设成为富强民主文明**和谐美丽**的社会主义**现代化强国，实现中华民族伟大复兴。**

在我国，剥削阶级作为阶级已经消灭，但是阶级斗争还将在一定范围内长期存在。中国人民对敌视和破坏我国社会主义制度的国内外的敌对势力和敌对分子，必须进行斗争。

台湾是中华人民共和国的神圣领土的一部分。完成统一祖国的大业是包括台湾同胞在内的全中国人民的神圣职责。

社会主义的建设事业必须依靠工人、农民和知识分子，团结一切可以团结的力量。在长期的革命、建设、**改革**过程中，已经结成由中国共产党领导的，有各民主党派和各人民团体参加的，包括全体社会主义劳动者、社会主义事业的建设者、拥护社会主义的爱国者、拥护祖国统一**和致力于中华民族伟大复兴**的爱国者的广泛的爱国统一战线，这个统一战线将继续巩固和发展。中国人民政治协商会议是有广泛代表性的统一战线组织，过去发挥了重要的历史作用，今后在国家政治生活、社会生活和对外友好活动中，在进行社会主义现代化建设、维护国家的统一和团结的斗争中，将进一步发挥它的重要作用。中国共产党领导的多党合作和政治协商制度将长期存在和发展。

中华人民共和国是全国各族人民共同缔造的统一的多民族国家。平等团结互助**和谐**的社会主义民族关系已经确立，并将继续加强。在维护民族团结的斗争中，要反对大民族主义，主要是大汉族主义，也要反对地方民族主义。国家尽一切努力，促进全国各民族的共同繁荣。

中国革命、建设、**改革**的成就是同世界人民的支持分不开的。中国的前途是同世界的前途紧密地联系在一起的。中国坚持独立自主的对外政策，坚持互相尊重主权和领土完整、互不侵犯、互不干涉内政、平等互利、和平共处的五项原则，**坚持和平发展道路，坚持互利共赢开放战略，**发展同各国的外交关系和经济、文化交流，**推动构建人类命运共同体；**坚持反对帝国主义、霸权主义、殖民主义，加强同世界各国人民的团结，支持被压迫民族和发展中国家争取和维护民族独立、发展民族经济的正义斗争，为维护世界和平和促进人类进步事业而努力。

本宪法以法律的形式确认了中国各族人民奋斗的成果，规定了国家的根本制度和根本任务，是国家的根本法，具有最高的法律效力。全国各族人民、一切国家机关和武装力量、各政党和各社会团体、各企业事业组织，都必须以宪法为根本的活动准则，并且负有维护宪法尊严、保证宪法实施的职责。

第一章 总 纲

第一条 中华人民共和国是工人阶级领导的、以工农联盟为基础的人民民主专政的社会主义国家。

社会主义制度是中华人民共和国的根本制度。**中国共产党领导是中国特色社会主义最本质的特征。**禁止任何组织或者个人破坏社会主义制度。

第二条 中华人民共和国的一切权力属于人民。

人民行使国家权力的机关是全国人民代表大会和地方各级人民代表大会。

人民依照法律规定，通过各种途径和形式，管理国家事务，管理经济和文化事业，管理社会事务。

第三条 中华人民共和国的国家机构实行民主集中制的原则。

全国人民代表大会和地方各级人民代表大会都由民主选举产生，对人民负责，受人民监督。

国家行政机关、**监察机关、**审判机关、检察机关都由人民代表大会产生，对它负责，受它监督。

中央和地方的国家机构职权的划分，遵循在中央的统一领导下，充分发挥地方的主动性、积极性的原则。

第四条 中华人民共和国各民族一律平等。国家保障各少数民族的合法的权利和利益，维护和发展各民族的平等团结互助**和谐**关系。禁止对任何民族的歧视和压迫，禁止破坏民族团结和制造民族分裂的行为。

国家根据各少数民族的特点和需要，帮助各少数民族地区加速经济和文化的发展。

各少数民族聚居的地方实行区域自治，设立自治机关，行使自治权。各民族自治地方都是中华人民共和国不可分离的部分。

各民族都有使用和发展自己的语言文字的自由，都有保持或者改革自己的风俗习惯的自由。

第五条　中华人民共和国实行依法治国，建设社会主义法治国家。

国家维护社会主义法制的统一和尊严。

一切法律、行政法规和地方性法规都不得同宪法相抵触。

一切国家机关和武装力量、各政党和各社会团体、各企业事业组织都必须遵守宪法和法律。一切违反宪法和法律的行为，必须予以追究。

任何组织或者个人都不得有超越宪法和法律的特权。

第六条　中华人民共和国的社会主义经济制度的基础是生产资料的社会主义公有制，即全民所有制和劳动群众集体所有制。社会主义公有制消灭人剥削人的制度，实行各尽所能、按劳分配的原则。

国家在社会主义初级阶段，坚持公有制为主体、多种所有制经济共同发展的基本经济制度，坚持按劳分配为主体、多种分配方式并存的分配制度。

第七条　国有经济，即社会主义全民所有制经济，是国民经济中的主导力量。国家保障国有经济的巩固和发展。

第八条　农村集体经济组织实行家庭承包经营为基础、统分结合的双层经营体制。农村中的生产、供销、信用、消费等各种形式的合作经济，是社会主义劳动群众集体所有制经济。参加农村集体经济组织的劳动者,有权在法律规定的范围内经营自留地、自留山、家庭副业和饲养自留畜。

城镇中的手工业、工业、建筑业、运输业、商业、服务业等行业的各种形式的合作经济，都是社会主义劳动群众集体所有制经济。

国家保护城乡集体经济组织的合法的权利和利益，鼓励、指导和帮助集体经济的发展。

第九条 矿藏、水流、森林、山岭、草原、荒地、滩涂等自然资源，都属于国家所有，即全民所有；由法律规定属于集体所有的森林和山岭、草原、荒地、滩涂除外。

国家保障自然资源的合理利用，保护珍贵的动物和植物。禁止任何组织或者个人用任何手段侵占或者破坏自然资源。

第十条 城市的土地属于国家所有。

农村和城市郊区的土地，除由法律规定属于国家所有的以外，属于集体所有；宅基地和自留地、自留山，也属于集体所有。

国家为了公共利益的需要，可以依照法律规定对土地实行征收或者征用并给予补偿。

任何组织或者个人不得侵占、买卖或者以其他形式非法转让土地。土地的使用权可以依照法律的规定转让。

一切使用土地的组织和个人必须合理地利用土地。

第十一条 在法律规定范围内的个体经济、私营经济等非公有制经济，是社会主义市场经济的重要组成部分。

国家保护个体经济、私营经济等非公有制经济的合法的权利和利益。国家鼓励、支持和引导非公有制经济的发展，并对非公有制经济依法实行监督和管理。

第十二条 社会主义的公共财产神圣不可侵犯。

国家保护社会主义的公共财产。禁止任何组织或者个人用任何手段侵占或者破坏国家的和集体的财产。

第十三条 公民的合法的私有财产不受侵犯。

国家依照法律规定保护公民的私有财产权和继承权。

国家为了公共利益的需要，可以依照法律规定对公民的私有财产实行征收或者征用并给予补偿。

第十四条 国家通过提高劳动者的积极性和技术水平，推广先进的科学技术，完善经济管理体制和企业经营管理制度，实行各种形式的社会主义责任制，改进劳动组织，以不断提高劳动生产率和经济效益，发展社会生产力。

国家厉行节约，反对浪费。

国家合理安排积累和消费，兼顾国家、集体和个人的利益，在发展生产的基础上，逐步改善人民的物质生活和文化生活。

国家建立健全同经济发展水平相适应的社会保障制度。

第十五条 国家实行社会主义市场经济。

国家加强经济立法，完善宏观调控。

国家依法禁止任何组织或者个人扰乱社会经济秩序。

第十六条 国有企业在法律规定的范围内有权自主经营。

国有企业依照法律规定，通过职工代表大会和其他形式，实行民主管理。

第十七条 集体经济组织在遵守有关法律的前提下，有独立进行经济活动的自主权。

集体经济组织实行民主管理，依照法律规定选举和罢免管理人员，决定经营管理的重大问题。

第十八条 中华人民共和国允许外国的企业和其他经济组织或者个人依照中华人民共和国法律的规定在中国投资，同中国的企业或者其他经济组织进行各种形式的经济合作。

在中国境内的外国企业和其他外国经济组织以及中外合资经营的企业，都必须遵守中华人民共和国的法律。它们的合法的权利和利益受中华人民共和国法律的保护。

第十九条 国家发展社会主义的教育事业，提高全国人民的科学文化水平。

国家举办各种学校，普及初等义务教育，发展中等教育、职业教育和高等教育，并且发展学前教育。

国家发展各种教育设施，扫除文盲，对工人、农民、国家工作人员和其他劳动者进行政治、文化、科学、技术、业务的教育，鼓励自学成才。

国家鼓励集体经济组织、国家企业事业组织和其他社会力量依照法律规定举办各种教育事业。

国家推广全国通用的普通话。

第二十条 国家发展自然科学和社会科学事业，普及科学和技术知识，奖励科学研究成果和技术发明创造。

第二十一条 国家发展医疗卫生事业，发展现代医药和我国传统医药，鼓励和支持农村集体经济组织、国家企业事业组织和街道组织举办各种医疗卫生设施，开展群众性的卫生活动，保护人民健康。

国家发展体育事业，开展群众性的体育活动，增强人民体质。

第二十二条　国家发展为人民服务、为社会主义服务的文学艺术事业、新闻广播电视事业、出版发行事业、图书馆博物馆文化馆和其他文化事业，开展群众性的文化活动。

国家保护名胜古迹、珍贵文物和其他重要历史文化遗产。

第二十三条　国家培养为社会主义服务的各种专业人才，扩大知识分子的队伍，创造条件，充分发挥他们在社会主义现代化建设中的作用。

第二十四条　国家通过普及理想教育、道德教育、文化教育、纪律和法制教育，通过在城乡不同范围的群众中制定和执行各种守则、公约，加强社会主义精神文明的建设。

国家倡导社会主义核心价值观，提倡爱祖国、爱人民、爱劳动、爱科学、爱社会主义的公德，在人民中进行爱国主义、集体主义和国际主义、共产主义的教育，进行辩证唯物主义和历史唯物主义的教育，反对资本主义的、封建主义的和其他的腐朽思想。

第二十五条　国家推行计划生育，使人口的增长同经济和社会发展计划相适应。

第二十六条　国家保护和改善生活环境和生态环境，防治污染和其他公害。

国家组织和鼓励植树造林，保护林木。

第二十七条　一切国家机关实行精简的原则，实行工作责任制，实行工作人员的培训和考核制度，不断提高工作质量和工作效率，反对官僚主义。

　　一切国家机关和国家工作人员必须依靠人民的支持，经常保持同人民的密切联系，倾听人民的意见和建议，接受人民的监督，努力为人民服务。

　　国家工作人员就职时应当依照法律规定公开进行宪法宣誓。

　　第二十八条　国家维护社会秩序，镇压叛国和其他危害国家安全的犯罪活动，制裁危害社会治安、破坏社会主义经济和其他犯罪的活动，惩办和改造犯罪分子。

　　第二十九条　中华人民共和国的武装力量属于人民。它的任务是巩固国防，抵抗侵略，保卫祖国，保卫人民的和平劳动，参加国家建设事业，努力为人民服务。

　　国家加强武装力量的革命化、现代化、正规化的建设，增强国防力量。

　　第三十条　中华人民共和国的行政区域划分如下：

　　（一）全国分为省、自治区、直辖市；

　　（二）省、自治区分为自治州、县、自治县、市；

　　（三）县、自治县分为乡、民族乡、镇。

直辖市和较大的市分为区、县。自治州分为县、自治县、市。

自治区、自治州、自治县都是民族自治地方。

　　第三十一条　国家在必要时得设立特别行政区。在特别行政区内实行的制度按照具体情况由全国人民代表大会以法律规定。

　　第三十二条　中华人民共和国保护在中国境内的外国人的合法权利和利益，在中国境内的外国人必须遵守中华人民共和国的法律。

中华人民共和国对于因为政治原因要求避难的外国人，可以给予受庇护的权利。

第二章　公民的基本权利和义务

第三十三条　凡具有中华人民共和国国籍的人都是中华人民共和国公民。

中华人民共和国公民在法律面前一律平等。

国家尊重和保障人权。

任何公民享有宪法和法律规定的权利，同时必须履行宪法和法律规定的义务。

第三十四条　中华人民共和国年满十八周岁的公民，不分民族、种族、性别、职业、家庭出身、宗教信仰、教育程度、财产状况、居住期限，都有选举权和被选举权；但是依照法律被剥夺政治权利的人除外。

第三十五条　中华人民共和国公民有言论、出版、集会、结社、游行、示威的自由。

第三十六条　中华人民共和国公民有宗教信仰自由。

任何国家机关、社会团体和个人不得强制公民信仰宗教或者不信仰宗教，不得歧视信仰宗教的公民和不信仰宗教的公民。

国家保护正常的宗教活动。任何人不得利用宗教进行破坏社会秩序、损害公民身体健康、妨碍国家教育制度的活动。

宗教团体和宗教事务不受外国势力的支配。

第三十七条　中华人民共和国公民的人身自由不受侵犯。

任何公民，非经人民检察院批准或者决定或者人民法院决定，并由公安机关执行，不受逮捕。

禁止非法拘禁和以其他方法非法剥夺或者限制公民的人身自由，禁止非法搜查公民的身体。

第三十八条 中华人民共和国公民的人格尊严不受侵犯。禁止用任何方法对公民进行侮辱、诽谤和诬告陷害。

第三十九条 中华人民共和国公民的住宅不受侵犯。禁止非法搜查或者非法侵入公民的住宅。

第四十条 中华人民共和国公民的通信自由和通信秘密受法律的保护。除因国家安全或者追查刑事犯罪的需要，由公安机关或者检察机关依照法律规定的程序对通信进行检查外，任何组织或者个人不得以任何理由侵犯公民的通信自由和通信秘密。

第四十一条 中华人民共和国公民对于任何国家机关和国家工作人员，有提出批评和建议的权利；对于任何国家机关和国家工作人员的违法失职行为，有向有关国家机关提出申诉、控告或者检举的权利，但是不得捏造或者歪曲事实进行诬告陷害。

对于公民的申诉、控告或者检举，有关国家机关必须查清事实，负责处理。任何人不得压制和打击报复。

由于国家机关和国家工作人员侵犯公民权利而受到损失的人，有依照法律规定取得赔偿的权利。

第四十二条 中华人民共和国公民有劳动的权利和义务。

国家通过各种途径，创造劳动就业条件，加强劳动保护，改善劳动条件，并在发展生产的基础上，提高劳动报酬和福利待遇。

劳动是一切有劳动能力的公民的光荣职责。国有企业和城乡集体经济组织的劳动者都应当以国家主人翁的态度对待自己的劳动。国家提倡社会主义劳动竞赛，奖励劳动模范和先进工作者。国家提倡公民从事义务劳动。

国家对就业前的公民进行必要的劳动就业训练。

第四十三条　中华人民共和国劳动者有休息的权利。

国家发展劳动者休息和休养的设施，规定职工的工作时间和休假制度。

第四十四条　国家依照法律规定实行企业事业组织的职工和国家机关工作人员的退休制度。退休人员的生活受到国家和社会的保障。

第四十五条　中华人民共和国公民在年老、疾病或者丧失劳动能力的情况下，有从国家和社会获得物质帮助的权利。国家发展为公民享受这些权利所需要的社会保险、社会救济和医疗卫生事业。

国家和社会保障残废军人的生活，抚恤烈士家属，优待军人家属。

国家和社会帮助安排盲、聋、哑和其他有残疾的公民的劳动、生活和教育。

第四十六条　中华人民共和国公民有受教育的权利和义务。

国家培养青年、少年、儿童在品德、智力、体质等方面全面发展。

第四十七条　中华人民共和国公民有进行科学研究、文学艺术创作和其他文化活动的自由。国家对于从事教育、科学、技术、文学、艺术和其他文化事业的公民的有益于人民的创造性工作，给以鼓励和帮助。

第四十八条 中华人民共和国妇女在政治的、经济的、文化的、社会的和家庭的生活等各方面享有同男子平等的权利。

国家保护妇女的权利和利益，实行男女同工同酬，培养和选拔妇女干部。

第四十九条 婚姻、家庭、母亲和儿童受国家的保护。

夫妻双方有实行计划生育的义务。

父母有抚养教育未成年子女的义务，成年子女有赡养扶助父母的义务。

禁止破坏婚姻自由，禁止虐待老人、妇女和儿童。

第五十条 中华人民共和国保护华侨的正当的权利和利益，保护归侨和侨眷的合法的权利和利益。

第五十一条 中华人民共和国公民在行使自由和权利的时候，不得损害国家的、社会的、集体的利益和其他公民的合法的自由和权利。

第五十二条 中华人民共和国公民有维护国家统一和全国各民族团结的义务。

第五十三条 中华人民共和国公民必须遵守宪法和法律，保守国家秘密，爱护公共财产，遵守劳动纪律，遵守公共秩序，尊重社会公德。

第五十四条 中华人民共和国公民有维护祖国的安全、荣誉和利益的义务，不得有危害祖国的安全、荣誉和利益的行为。

第五十五条 保卫祖国、抵抗侵略是中华人民共和国每一个公民的神圣职责。

依照法律服兵役和参加民兵组织是中华人民共和国公民的光

荣义务。

第五十六条 中华人民共和国公民有依照法律纳税的义务。

第三章 国家机构

第一节 全国人民代表大会

第五十七条 中华人民共和国全国人民代表大会是最高国家权力机关。它的常设机关是全国人民代表大会常务委员会。

第五十八条 全国人民代表大会和全国人民代表大会常务委员会行使国家立法权。

第五十九条 全国人民代表大会由省、自治区、直辖市、特别行政区和军队选出的代表组成。各少数民族都应当有适当名额的代表。

全国人民代表大会代表的选举由全国人民代表大会常务委员会主持。

全国人民代表大会代表名额和代表产生办法由法律规定。

第六十条 全国人民代表大会每届任期五年。

全国人民代表大会任期届满的两个月以前，全国人民代表大会常务委员会必须完成下届全国人民代表大会代表的选举。如果遇到不能进行选举的非常情况，由全国人民代表大会常务委员会以全体组成人员的三分之二以上的多数通过，可以推迟选举，延长本届全国人民代表大会的任期。在非常情况结束后一年内，必须完成下届全国人民代表大会代表的选举。

第六十一条 全国人民代表大会会议每年举行一次，由全国人民代表大会常务委员会召集。如果全国人民代表大会常务委员会认为必要，或者有五分之一以上的全国人民代表大会代表提议，可以临时召集全国人民代表大会会议。

全国人民代表大会举行会议的时候，选举主席团主持会议。

第六十二条 全国人民代表大会行使下列职权：

（一）修改宪法；

（二）监督宪法的实施；

（三）制定和修改刑事、民事、国家机构的和其他的基本法律；

（四）选举中华人民共和国主席、副主席；

（五）根据中华人民共和国主席的提名，决定国务院总理的人选；根据国务院总理的提名，决定国务院副总理、国务委员、各部部长、各委员会主任、审计长、秘书长的人选；

（六）选举中央军事委员会主席；根据中央军事委员会主席的提名，决定中央军事委员会其他组成人员的人选；

（七）选举国家监察委员会主任；

（八）选举最高人民法院院长；

（九）选举最高人民检察院检察长；

（十）审查和批准国民经济和社会发展计划和计划执行情况的报告；

（十一）审查和批准国家的预算和预算执行情况的报告；

（十二）改变或者撤销全国人民代表大会常务委员会不适当的决定；

（十三）批准省、自治区和直辖市的建置；

（十四）决定特别行政区的设立及其制度；

（十五）决定战争和和平的问题；

（十六）应当由最高国家权力机关行使的其他职权。

第六十三条 全国人民代表大会有权罢免下列人员：

（一）中华人民共和国主席、副主席；

（二）国务院总理、副总理、国务委员、各部部长、各委员会主任、审计长、秘书长；

（三）中央军事委员会主席和中央军事委员会其他组成人员；

（四）国家监察委员会主任；

（五）最高人民法院院长；

（六）最高人民检察院检察长。

第六十四条 宪法的修改，由全国人民代表大会常务委员会或者五分之一以上的全国人民代表大会代表提议，并由全国人民代表大会以全体代表的三分之二以上的多数通过。

法律和其他议案由全国人民代表大会以全体代表的过半数通过。

第六十五条 全国人民代表大会常务委员会由下列人员组成：

委员长，

副委员长若干人，

秘书长，

委员若干人。

全国人民代表大会常务委员会组成人员中，应当有适当名额的少数民族代表。

全国人民代表大会选举并有权罢免全国人民代表大会常务委员会的组成人员。

全国人民代表大会常务委员会的组成人员不得担任国家行政机关、**监察机关**、审判机关和检察机关的职务。

第六十六条 全国人民代表大会常务委员会每届任期同全国人民代表大会每届任期相同，它行使职权到下届全国人民代表大会选出新的常务委员会为止。

委员长、副委员长连续任职不得超过两届。

第六十七条 全国人民代表大会常务委员会行使下列职权：

（一）解释宪法，监督宪法的实施；

（二）制定和修改除应当由全国人民代表大会制定的法律以外的其他法律；

（三）在全国人民代表大会闭会期间，对全国人民代表大会制定的法律进行部分补充和修改，但是不得同该法律的基本原则相抵触；

（四）解释法律；

（五）在全国人民代表大会闭会期间，审查和批准国民经济和社会发展计划、国家预算在执行过程中所必须作的部分调整方案；

（六）监督国务院、中央军事委员会、**国家监察委员会**、最高人民法院和最高人民检察院的工作；

（七）撤销国务院制定的同宪法、法律相抵触的行政法规、决定和命令；

（八）撤销省、自治区、直辖市国家权力机关制定的同宪法、法律和行政法规相抵触的地方性法规和决议；

（九）在全国人民代表大会闭会期间，根据国务院总理的提名，决定部长、委员会主任、审计长、秘书长的人选；

（十）在全国人民代表大会闭会期间，根据中央军事委员会主席的提名，决定中央军事委员会其他组成人员的人选；

（十一）根据国家监察委员会主任的提请，任免国家监察委员会副主任、委员；

（十二）根据最高人民法院院长的提请，任免最高人民法院副院长、审判员、审判委员会委员和军事法院院长；

（十三）根据最高人民检察院检察长的提请，任免最高人民检察院副检察长、检察员、检察委员会委员和军事检察院检察长，并且批准省、自治区、直辖市的人民检察院检察长的任免；

（十四）决定驻外全权代表的任免；

（十五）决定同外国缔结的条约和重要协定的批准和废除；

（十六）规定军人和外交人员的衔级制度和其他专门衔级制度；

（十七）规定和决定授予国家的勋章和荣誉称号；

（十八）决定特赦；

（十九）在全国人民代表大会闭会期间，如果遇到国家遭受武装侵犯或者必须履行国际间共同防止侵略的条约的情况，决定战争状态的宣布；

（二十）决定全国总动员或者局部动员；

（二十一）决定全国或者个别省、自治区、直辖市进入紧急状态；

（二十二）全国人民代表大会授予的其他职权。

第六十八条 全国人民代表大会常务委员会委员长主持全国

人民代表大会常务委员会的工作，召集全国人民代表大会常务委员会会议。副委员长、秘书长协助委员长工作。

委员长、副委员长、秘书长组成委员长会议，处理全国人民代表大会常务委员会的重要日常工作。

第六十九条 全国人民代表大会常务委员会对全国人民代表大会负责并报告工作。

第七十条 全国人民代表大会设立民族委员会、**宪法和**法律委员会、财政经济委员会、教育科学文化卫生委员会、外事委员会、华侨委员会和其他需要设立的专门委员会。在全国人民代表大会闭会期间，各专门委员会受全国人民代表大会常务委员会的领导。

各专门委员会在全国人民代表大会和全国人民代表大会常务委员会领导下，研究、审议和拟订有关议案。

第七十一条 全国人民代表大会和全国人民代表大会常务委员会认为必要的时候，可以组织关于特定问题的调查委员会，并且根据调查委员会的报告，作出相应的决议。

调查委员会进行调查的时候，一切有关的国家机关、社会团体和公民都有义务向它提供必要的材料。

第七十二条 全国人民代表大会代表和全国人民代表大会常务委员会组成人员，有权依照法律规定的程序分别提出属于全国人民代表大会和全国人民代表大会常务委员会职权范围内的议案。

第七十三条 全国人民代表大会代表在全国人民代表大会开会期间，全国人民代表大会常务委员会组成人员在常务委员会开会期间，有权依照法律规定的程序提出对国务院或者国务院各部、各委员会的质询案。受质询的机关必须负责答复。

第七十四条　全国人民代表大会代表，非经全国人民代表大会会议主席团许可，在全国人民代表大会闭会期间非经全国人民代表大会常务委员会许可，不受逮捕或者刑事审判。

第七十五条　全国人民代表大会代表在全国人民代表大会各种会议上的发言和表决，不受法律追究。

第七十六条　全国人民代表大会代表必须模范地遵守宪法和法律，保守国家秘密，并且在自己参加的生产、工作和社会活动中，协助宪法和法律的实施。

全国人民代表大会代表应当同原选举单位和人民保持密切的联系，听取和反映人民的意见和要求，努力为人民服务。

第七十七条　全国人民代表大会代表受原选举单位的监督。原选举单位有权依照法律规定的程序罢免本单位选出的代表。

第七十八条　全国人民代表大会和全国人民代表大会常务委员会的组织和工作程序由法律规定。

第二节　中华人民共和国主席

第七十九条　中华人民共和国主席、副主席由全国人民代表大会选举。

有选举权和被选举权的年满四十五周岁的中华人民共和国公民可以被选为中华人民共和国主席、副主席。

中华人民共和国主席、副主席每届任期同全国人民代表大会每届任期相同。

第八十条　中华人民共和国主席根据全国人民代表大会的决

定和全国人民代表大会常务委员会的决定，公布法律，任免国务院总理、副总理、国务委员、各部部长、各委员会主任、审计长、秘书长，授予国家的勋章和荣誉称号，发布特赦令，宣布进入紧急状态，宣布战争状态，发布动员令。

第八十一条　中华人民共和国主席代表中华人民共和国，进行国事活动，接受外国使节；根据全国人民代表大会常务委员会的决定，派遣和召回驻外全权代表，批准和废除同外国缔结的条约和重要协定。

第八十二条　中华人民共和国副主席协助主席工作。

中华人民共和国副主席受主席的委托，可以代行主席的部分职权。

第八十三条　中华人民共和国主席、副主席行使职权到下届全国人民代表大会选出的主席、副主席就职为止。

第八十四条　中华人民共和国主席缺位的时候，由副主席继任主席的职位。

中华人民共和国副主席缺位的时候，由全国人民代表大会补选。

中华人民共和国主席、副主席都缺位的时候，由全国人民代表大会补选；在补选以前，由全国人民代表大会常务委员会委员长暂时代理主席职位。

第三节　国务院

第八十五条　中华人民共和国国务院，即中央人民政府，是最高国家权力机关的执行机关，是最高国家行政机关。

第八十六条 国务院由下列人员组成：

总理，

副总理若干人，

国务委员若干人，

各部部长，

各委员会主任，

审计长，

秘书长。

国务院实行总理负责制。各部、各委员会实行部长、主任负责制。

国务院的组织由法律规定。

第八十七条 国务院每届任期同全国人民代表大会每届任期相同。

总理、副总理、国务委员连续任职不得超过两届。

第八十八条 总理领导国务院的工作。副总理、国务委员协助总理工作。

总理、副总理、国务委员、秘书长组成国务院常务会议。

总理召集和主持国务院常务会议和国务院全体会议。

第八十九条 国务院行使下列职权：

（一）根据宪法和法律，规定行政措施，制定行政法规，发布决定和命令；

（二）向全国人民代表大会或者全国人民代表大会常务委员会提出议案；

（三）规定各部和各委员会的任务和职责，统一领导各部和各委员会的工作，并且领导不属于各部和各委员会的全国性的行政工作；

（四）统一领导全国地方各级国家行政机关的工作，规定中央和省、自治区、直辖市的国家行政机关的职权的具体划分；

（五）编制和执行国民经济和社会发展计划和国家预算；

（六）领导和管理经济工作和城乡建设、**生态文明建设**；

（七）领导和管理教育、科学、文化、卫生、体育和计划生育工作；

（八）领导和管理民政、公安、司法行政等工作；

（九）管理对外事务，同外国缔结条约和协定；

（十）领导和管理国防建设事业；

（十一）领导和管理民族事务，保障少数民族的平等权利和民族自治地方的自治权利；

（十二）保护华侨的正当的权利和利益，保护归侨和侨眷的合法的权利和利益；

（十三）改变或者撤销各部、各委员会发布的不适当的命令、指示和规章；

（十四）改变或者撤销地方各级国家行政机关的不适当的决定和命令；

（十五）批准省、自治区、直辖市的区域划分，批准自治州、县、自治县、市的建置和区域划分；

（十六）依照法律规定决定省、自治区、直辖市的范围内部分地区进入紧急状态；

（十七）审定行政机构的编制，依照法律规定任免、培训、考核和奖惩行政人员；

（十八）全国人民代表大会和全国人民代表大会常务委员会授予的其他职权。

第九十条 国务院各部部长、各委员会主任负责本部门的工作；召集和主持部务会议或者委员会会议、委务会议，讨论决定本部门工作的重大问题。

各部、各委员会根据法律和国务院的行政法规、决定、命令，在本部门的权限内，发布命令、指示和规章。

第九十一条 国务院设立审计机关，对国务院各部门和地方各级政府的财政收支，对国家的财政金融机构和企业事业组织的财务收支，进行审计监督。

审计机关在国务院总理领导下，依照法律规定独立行使审计监督权，不受其他行政机关、社会团体和个人的干涉。

第九十二条 国务院对全国人民代表大会负责并报告工作；在全国人民代表大会闭会期间，对全国人民代表大会常务委员会负责并报告工作。

第四节 中央军事委员会

第九十三条 中华人民共和国中央军事委员会领导全国武装力量。

中央军事委员会由下列人员组成：

主席，

副主席若干人，

委员若干人。

中央军事委员会实行主席负责制。

中央军事委员会每届任期同全国人民代表大会每届任期相同。

第九十四条 中央军事委员会主席对全国人民代表大会和全国人民代表大会常务委员会负责。

第五节　地方各级人民代表大会和地方各级人民政府

第九十五条 省、直辖市、县、市、市辖区、乡、民族乡、镇设立人民代表大会和人民政府。

地方各级人民代表大会和地方各级人民政府的组织由法律规定。

自治区、自治州、自治县设立自治机关。自治机关的组织和工作根据宪法第三章第五节、第六节规定的基本原则由法律规定。

第九十六条 地方各级人民代表大会是地方国家权力机关。

县级以上的地方各级人民代表大会设立常务委员会。

第九十七条 省、直辖市、设区的市的人民代表大会代表由下一级的人民代表大会选举；县、不设区的市、市辖区、乡、民族乡、镇的人民代表大会代表由选民直接选举。

地方各级人民代表大会代表名额和代表产生办法由法律规定。

第九十八条 地方各级人民代表大会每届任期五年。

第九十九条 地方各级人民代表大会在本行政区域内，保证宪法、法律、行政法规的遵守和执行；依照法律规定的权限，通过和发布决议，审查和决定地方的经济建设、文化建设和公共事业建设的计划。

县级以上的地方各级人民代表大会审查和批准本行政区域内的国民经济和社会发展计划、预算以及它们的执行情况的报告；有权改变或者撤销本级人民代表大会常务委员会不适当的决定。

民族乡的人民代表大会可以依照法律规定的权限采取适合民族特点的具体措施。

第一百条 省、直辖市的人民代表大会和它们的常务委员会，在不同宪法、法律、行政法规相抵触的前提下，可以制定地方性法规，报全国人民代表大会常务委员会备案。

设区的市的人民代表大会和它们的常务委员会，在不同宪法、法律、行政法规和本省、自治区的地方性法规相抵触的前提下，可以依照法律规定制定地方性法规，报本省、自治区人民代表大会常务委员会批准后施行。

第一百零一条 地方各级人民代表大会分别选举并且有权罢免本级人民政府的省长和副省长、市长和副市长、县长和副县长、区长和副区长、乡长和副乡长、镇长和副镇长。

县级以上的地方各级人民代表大会选举并且有权罢免**本级监察委员会主任**、本级人民法院院长和本级人民检察院检察长。选出或者罢免人民检察院检察长，须报上级人民检察院检察长提请该级人民代表大会常务委员会批准。

第一百零二条 省、直辖市、设区的市的人民代表大会代表受原选举单位的监督；县、不设区的市、市辖区、乡、民族乡、镇的人民代表大会代表受选民的监督。

地方各级人民代表大会代表的选举单位和选民有权依照法律

规定的程序罢免由他们选出的代表。

第一百零三条　县级以上的地方各级人民代表大会常务委员会由主任、副主任若干人和委员若干人组成，对本级人民代表大会负责并报告工作。

县级以上的地方各级人民代表大会选举并有权罢免本级人民代表大会常务委员会的组成人员。

县级以上的地方各级人民代表大会常务委员会的组成人员不得担任国家行政机关、**监察机关**、审判机关和检察机关的职务。

第一百零四条　县级以上的地方各级人民代表大会常务委员会讨论、决定本行政区域内各方面工作的重大事项；监督本级人民政府、**监察委员会**、人民法院和人民检察院的工作；撤销本级人民政府的不适当的决定和命令；撤销下一级人民代表大会的不适当的决议；依照法律规定的权限决定国家机关工作人员的任免；在本级人民代表大会闭会期间，罢免和补选上一级人民代表大会的个别代表。

第一百零五条　地方各级人民政府是地方各级国家权力机关的执行机关，是地方各级国家行政机关。

地方各级人民政府实行省长、市长、县长、区长、乡长、镇长负责制。

第一百零六条　地方各级人民政府每届任期同本级人民代表大会每届任期相同。

第一百零七条　县级以上地方各级人民政府依照法律规定的权限，管理本行政区域内的经济、教育、科学、文化、卫生、体育事业、城乡建设事业和财政、民政、公安、民族事务、司法行政、计划生育等行政工作，发布决定和命令，任免、培训、考核和奖惩行政工作人员。

乡、民族乡、镇的人民政府执行本级人民代表大会的决议和上级国家行政机关的决定和命令，管理本行政区域内的行政工作。

省、直辖市的人民政府决定乡、民族乡、镇的建置和区域划分。

第一百零八条 县级以上的地方各级人民政府领导所属各工作部门和下级人民政府的工作，有权改变或者撤销所属各工作部门和下级人民政府的不适当的决定。

第一百零九条 县级以上的地方各级人民政府设立审计机关。地方各级审计机关依照法律规定独立行使审计监督权，对本级人民政府和上一级审计机关负责。

第一百一十条 地方各级人民政府对本级人民代表大会负责并报告工作。县级以上的地方各级人民政府在本级人民代表大会闭会期间，对本级人民代表大会常务委员会负责并报告工作。

地方各级人民政府对上一级国家行政机关负责并报告工作。全国地方各级人民政府都是国务院统一领导下的国家行政机关，都服从国务院。

第一百一十一条 城市和农村按居民居住地区设立的居民委员会或者村民委员会是基层群众性自治组织。居民委员会、村民委员会的主任、副主任和委员由居民选举。居民委员会、村民委员会同基层政权的相互关系由法律规定。

居民委员会、村民委员会设人民调解、治安保卫、公共卫生等委员会，办理本居住地区的公共事务和公益事业，调解民间纠纷，协助维护社会治安，并且向人民政府反映群众的意见、要求和提出建议。

第六节　民族自治地方的自治机关

第一百一十二条　民族自治地方的自治机关是自治区、自治州、自治县的人民代表大会和人民政府。

第一百一十三条　自治区、自治州、自治县的人民代表大会中，除实行区域自治的民族的代表外，其他居住在本行政区域内的民族也应当有适当名额的代表。

自治区、自治州、自治县的人民代表大会常务委员会中应当有实行区域自治的民族的公民担任主任或者副主任。

第一百一十四条　自治区主席、自治州州长、自治县县长由实行区域自治的民族的公民担任。

第一百一十五条　自治区、自治州、自治县的自治机关行使宪法第三章第五节规定的地方国家机关的职权，同时依照宪法、民族区域自治法和其他法律规定的权限行使自治权，根据本地方实际情况贯彻执行国家的法律、政策。

第一百一十六条　民族自治地方的人民代表大会有权依照当地民族的政治、经济和文化的特点，制定自治条例和单行条例。自治区的自治条例和单行条例，报全国人民代表大会常务委员会批准后生效。自治州、自治县的自治条例和单行条例，报省或者自治区的人民代表大会常务委员会批准后生效，并报全国人民代表大会常务委员会备案。

第一百一十七条　民族自治地方的自治机关有管理地方财政的自治权。凡是依照国家财政体制属于民族自治地方的财政收入，都应当由民族自治地方的自治机关自主地安排使用。

第一百一十八条　民族自治地方的自治机关在国家计划的指导下，自主地安排和管理地方性的经济建设事业。

国家在民族自治地方开发资源、建设企业的时候，应当照顾民族自治地方的利益。

第一百一十九条　民族自治地方的自治机关自主地管理本地方的教育、科学、文化、卫生、体育事业，保护和整理民族的文化遗产，发展和繁荣民族文化。

第一百二十条　民族自治地方的自治机关依照国家的军事制度和当地的实际需要，经国务院批准，可以组织本地方维护社会治安的公安部队。

第一百二十一条　民族自治地方的自治机关在执行职务的时候，依照本民族自治地方自治条例的规定，使用当地通用的一种或者几种语言文字。

第一百二十二条　国家从财政、物资、技术等方面帮助各少数民族加速发展经济建设和文化建设事业。

国家帮助民族自治地方从当地民族中大量培养各级干部、各种专业人才和技术工人。

第七节　监察委员会

第一百二十三条　中华人民共和国各级监察委员会是国家的监察机关。

第一百二十四条　中华人民共和国设立国家监察委员会和地方各级监察委员会。

监察委员会由下列人员组成：

主任，

副主任若干人，

委员若干人。

监察委员会主任每届任期同本级人民代表大会每届任期相同。国家监察委员会主任连续任职不得超过两届。

监察委员会的组织和职权由法律规定。

第一百二十五条　中华人民共和国国家监察委员会是最高监察机关。

国家监察委员会领导地方各级监察委员会的工作，上级监察委员会领导下级监察委员会的工作。

第一百二十六条　国家监察委员会对全国人民代表大会和全国人民代表大会常务委员会负责。地方各级监察委员会对产生它的国家权力机关和上一级监察委员会负责。

第一百二十七条　监察委员会依照法律规定独立行使监察权，不受行政机关、社会团体和个人的干涉。

监察机关办理职务违法和职务犯罪案件，应当与审判机关、检察机关、执法部门互相配合，互相制约。

第八节　人民法院和人民检察院

第一百二十八条　中华人民共和国人民法院是国家的审判机关。

第一百二十九条　中华人民共和国设立最高人民法院、地方各级人民法院和军事法院等专门人民法院。

最高人民法院院长每届任期同全国人民代表大会每届任期相同，连续任职不得超过两届。

人民法院的组织由法律规定。

第一百三十条 人民法院审理案件，除法律规定的特别情况外，一律公开进行。被告人有权获得辩护。

第一百三十一条 人民法院依照法律规定独立行使审判权，不受行政机关、社会团体和个人的干涉。

第一百三十二条 最高人民法院是最高审判机关。

最高人民法院监督地方各级人民法院和专门人民法院的审判工作，上级人民法院监督下级人民法院的审判工作。

第一百三十三条 最高人民法院对全国人民代表大会和全国人民代表大会常务委员会负责。地方各级人民法院对产生它的国家权力机关负责。

第一百三十四条 中华人民共和国人民检察院是国家的法律监督机关。

第一百三十五条 中华人民共和国设立最高人民检察院、地方各级人民检察院和军事检察院等专门人民检察院。

最高人民检察院检察长每届任期同全国人民代表大会每届任期相同，连续任职不得超过两届。

人民检察院的组织由法律规定。

第一百三十六条 人民检察院依照法律规定独立行使检察权，不受行政机关、社会团体和个人的干涉。

第一百三十七条 最高人民检察院是最高检察机关。

最高人民检察院领导地方各级人民检察院和专门人民检察院

的工作，上级人民检察院领导下级人民检察院的工作。

第一百三十八条　最高人民检察院对全国人民代表大会和全国人民代表大会常务委员会负责。地方各级人民检察院对产生它的国家权力机关和上级人民检察院负责。

第一百三十九条　各民族公民都有用本民族语言文字进行诉讼的权利。人民法院和人民检察院对于不通晓当地通用的语言文字的诉讼参与人，应当为他们翻译。

在少数民族聚居或者多民族共同居住的地区，应当用当地通用的语言进行审理；起诉书、判决书、布告和其他文书应当根据实际需要使用当地通用的一种或者几种文字。

第一百四十条　人民法院、人民检察院和公安机关办理刑事案件，应当分工负责，互相配合，互相制约，以保证准确有效地执行法律。

第四章　国旗、国歌、国徽、首都

第一百四十一条　中华人民共和国国旗是五星红旗。

中华人民共和国国歌是《义勇军进行曲》。

第一百四十二条　中华人民共和国国徽，中间是五星照耀下的天安门，周围是谷穗和齿轮。

第一百四十三条　中华人民共和国首都是北京。

中共中央关于全面推进依法治国
若干重大问题的决定

（2014 年 10 月 23 日中国共产党
第十八届中央委员会第四次全体会议通过）

为贯彻落实党的十八大作出的战略部署，加快建设社会主义法治国家，十八届中央委员会第四次全体会议研究了全面推进依法治国若干重大问题，作出如下决定。

一、坚持走中国特色社会主义法治道路，建设中国特色社会主义法治体系

依法治国，是坚持和发展中国特色社会主义的本质要求和重要保障，是实现国家治理体系和治理能力现代化的必然要求，事关我们党执政兴国，事关人民幸福安康，事关党和国家长治久安。

全面建成小康社会、实现中华民族伟大复兴的中国梦，全面深化改革、完善和发展中国特色社会主义制度，提高党的执政能力和执政水平，必须全面推进依法治国。

我国正处于社会主义初级阶段，全面建成小康社会进入决定性阶段，改革进入攻坚期和深水区，国际形势复杂多变，我们党面对的改革发展稳定任务之重前所未有、矛盾风险挑战之多前所未有，依法治国在党和国家工作全局中的地位更加突出、作用更加重大。面对新形势新任务，我们党要更好统筹国内国际两个大局，更好维护和运用我国发展的重要战略机遇期，更好统筹社会力量、平衡社会利益、调节社会关系、规范社会行为，使我国社会在深刻变革中既生机勃勃又井然有序，实现经济发展、政治清明、文化昌盛、社会公正、生态良好，实现我国和平发展的战略目标，必须更好发挥法治的引领和规范作用。

我们党高度重视法治建设。长期以来，特别是党的十一届三中全会以来，我们党深刻总结我国社会主义法治建设的成功经验和深刻教训，提出为了保障人民民主，必须加强法治，必须使民主制度化、法律化，把依法治国确定为党领导人民治理国家的基本方略，把依法执政确定为党治国理政的基本方式，积极建设社会主义法治，取得历史性成就。目前，中国特色社会主义法律体系已经形成，法治政府建设稳步推进，司法体制不断完善，全社会法治观念明显增强。

同时，必须清醒看到，同党和国家事业发展要求相比，同人民群众期待相比，同推进国家治理体系和治理能力现代化目标相比，法治建设还存在许多不适应、不符合的问题，主要表现为：有的法律法规未能全面反映客观规律和人民意愿，针对性、可操作性不强，立法工作中部门化倾向、争权诿责现象较为突出；有法不依、执法不严、违法不究现象比较严重，执法体制权责脱节、多头执法、选择性执法现象仍然存在，执法司法不规范、不严格、不透明、不文明现象较为突出，群众对执法司法不公和腐败问题反映强烈；部分社会成员尊法信法守法用法、依法维权意识不强，一些国家工作人员特别是领导干部依法办事观念不强、能力不足，知法犯法、以言代法、以权压法、徇私枉法现象依然存在。这些问题，违背社会主义法治原则，损害人民群众利益，妨碍党和国家事业发展，必须下大气力加以解决。

全面推进依法治国，必须贯彻落实党的十八大和十八届三中全会精神，高举中国特色社会主义伟大旗帜，以马克思列宁主义、毛泽东思想、邓小平理论、"三个代表"重要思想、科学发展观为指导，深入贯彻习近平总书记系列重要讲话精神，坚持党的领导、人民当家作主、依法治国有机统一，坚定不移走中国特色社会主义法治道路，坚决维护宪法法律权威，依法维护人民权益、维护社会公平正义、维护国家安全稳定，为实现"两个一百年"奋斗目标、实现中华民族伟大复兴的中国梦提供有力法治保障。

全面推进依法治国，总目标是建设中国特色社会主义法治体系，建设社会主义法治国家。这就是，在中国共产党领导下，坚持中国特色社会主义制度，贯彻中国特色社会主义法治理论，形成完备的法律规范体系、高效的法治实施体系、严密的法治监督体系、有力的法治保障体系，形成完善的党内法规体系，坚持依法治国、依法执政、依法行政共同推进，坚持法治国家、法治政府、法治社会一体建设，实现科学立法、严格执法、公正司法、全民守法，促进国家治理体系和治理能力现代化。

实现这个总目标，必须坚持以下原则。

——坚持中国共产党的领导。党的领导是中国特色社会主义最本质的特征，是社会主义法治最根本的保证。把党的领导贯彻到依法治国全过程和各方面，是我国社会主义法治建设的一条基本经验。我国宪法确立了中国共产党的领导地位。坚持党的领导，是社会主义法治的根本要求，是党和国家的根本所在、命脉所在，是全国各族人民的利益所系、幸福所系，是全面推进依法治国的题中应有之义。党的领导和社会主义法治是一致的，社会主义法治必须坚持党的领导，党的领导必须依靠社会主义法治。只有在党的领导下依法治国、厉行法治，人民当家作主才能充分实现，国家和社会生活法治化才能有序推进。依法执政，既要求党依据宪法法律治国理政，也要求党依据党内法规管党治党。必须坚持党领导立法、保证执法、支持司法、带头守法，把依法治国基本方略同依法执政基本方式统一起来，把党总揽全局、协调各方同人大、政府、政协、审判机关、检察机关依法依章程履行职能、开展工作统一起来，把党领导人民制定和实施宪法法律同党坚持在宪法法律范围内活动统一起来，善于使党的主张通过法定程序成为国家意志，善于使党组织推荐的人选通过法定程序成为国家政权机关的领导人员，善于通过国家政权机关实施党对国家和社会的领导，善于运用民主集中制原则维护中央权威、维护全党全国团结统一。

——坚持人民主体地位。人民是依法治国的主体和力量源泉，人民代表大会制度是保证人民当家作主的根本政治制度。必须坚持法治建设为了人民、依靠人民、造福人民、保护人民，以保障人民根本权益为出发点和落脚点，保证人民依法享有广泛的权利和自由、承担应尽的义务，维护社会公平正义，促进共同富裕。必须保证人民在党的领导下，依照法律规定，通过各种途径和形式管理国家事务，管理经济文化事业，管理社会事务。必须使人民认识到法律既是保障自身权利的有力武器，也是必须遵守的行为规范，增强全社会学法尊法守法用法意识，使法律为人民所掌握、所遵守、所运用。

——坚持法律面前人人平等。平等是社会主义法律的基本属性。任何组织和个人都必须尊重宪法法律权威，都必须在宪法法律范围内活动，都必须依照宪法法律行使权力或权利、履行职责或义务，都不得有超越宪法法律的特权。必须维护国家法制统一、尊严、权威，切实保证宪法法律有效实施，绝不允许任何人以任何借口任何形式以言代法、以权压法、徇私枉法。必须以规范和约束公权力为重点，加大监督力度，做到有权必有责、用权受监督、违法必追究，坚决纠正有法不依、执法不严、违法不究行为。

——坚持依法治国和以德治国相结合。国家和社会治理需要法律和道德共同发挥作用。必须坚持一手抓法治、一手抓德治，大力弘扬社会主义核心价值观，弘扬中华传统美德，培育社会公德、职业道德、家庭美德、个人品德，既重视发挥法律的规范作用，又重视发挥道德的教化作用，以法治体现道德理念、强化法律对道德建设的促进作用，以道德滋养法治精神、强化道德对法治文化的支撑作用，实现法律和道德相辅相成、法治和德治相得益彰。

——坚持从中国实际出发。中国特色社会主义道路、理论体系、制度是全面推进依法治国的根本遵循。必须从我国基本国情出发，同改革开放不断深化相适应，总结和运用党领导人民实行法治的成功经验，围绕社会主义法治建设重大理论和实践问题，推进法治理论创新，发展符合中国实际、具有中国特色、体现社会发展规律的社会主义法治理论，为依法治国提供理论指导和学理支撑。汲取中华法律文化精华，借鉴国外法治有益经验，但决不照搬外国法治理念和模式。

全面推进依法治国是一个系统工程，是国家治理领域一场广泛而深刻的革命，需要付出长期艰苦努力。全党同志必须更加自觉地坚持依法治国、更加扎实地推进依法治国，努力实现国家各项工作法治化，向着建设法治中国不断前进。

二、完善以宪法为核心的中国特色社会主义法律体系，加强宪法实施

法律是治国之重器，良法是善治之前提。建设中国特色社会主义法治体系，必须坚持立法先行，发挥立法的引领和推动作用，抓住提高立法质量这个关键。要恪守以民为本、立法为民理念，贯彻社会主义核心价值观，使每一项立法都符合宪法精神、反映人民意志、得到人民拥护。要把公正、公平、公开原则贯穿立法全过程，完善立法体制机制，坚持立改废释并举，增强法律法规的及时性、系统性、针对性、有效性。

（一）健全宪法实施和监督制度。宪法是党和人民意志的集中体现，是通过科学民主程序形成的根本法。坚持依法治国首先要坚持依宪治国，坚持依法执政首先要坚持依宪执政。全国各族人民、一切国家机关和武装力量、各政党和各社会团体、各企业事业组织，都必须以宪法为根本的活动准则，并且负有维护宪法尊严、保证宪法实施的职责。一切违反宪法的行为都必须予以追究和纠正。

完善全国人大及其常委会宪法监督制度，健全宪法解释程序机制。加强备案审查制度和能力建设，把所有规范性文件纳入备案审查范围，依法撤销和纠正违宪违法的规范性文件，禁止地方制发带有立法性质的文件。

将每年十二月四日定为国家宪法日。在全社会普遍开展宪法教育，弘扬宪法精神。建立宪法宣誓制度，凡经人大及其常委会选举或者决定任命的国家工作人员正式就职时公开向宪法宣誓。

（二）完善立法体制。加强党对立法工作的领导，完善党对立法工作中重大问题决策的程序。凡立法涉及重大体制和重大政策调整的，必须报党中央讨论决定。党中央向全国人大提出宪法修改建议，依照宪法规定的程序进行宪法修改。法律制定和修改的重大问题由全国人大常委会党组向党中央报告。

健全有立法权的人大主导立法工作的体制机制，发挥人大及其常委会在立法工作中的主导作用。建立由全国人大相关专门委员会、全国人大常委会法制工作委员会组织有关部门参与起草综合性、全局性、基础性等重要法律草案制度。增加有法治实践经验的专职常委比例。依法建立健全专门委员会、工作委员会立法专家顾问制度。

加强和改进政府立法制度建设，完善行政法规、规章制定程序，完善公众参与政府立法机制。重要行政管理法律法规由政府法制机构组织起草。

明确立法权力边界，从体制机制和工作程序上有效防止部门利益和地方保护主义法律化。对部门间争议较大的重要立法事项，由决策机关引入第三方评估，充分听取各方意见，协调决定，不能久拖不决。加强法律解释工作，及时明确法律规定含义和适用法律依据。明确地方立法权限和范围，依法赋予设区的市地方立法权。

（三）深入推进科学立法、民主立法。加强人大对立法工作的组织协调，健全立法起草、论证、协调、审议机制，健全向下级人大征询立法意见机制，建立基层立法联系点制度，推进立法精细化。健全法律法规规章起草征求人大代表意见制度，增加人大代表列席人大常委会会议人数，更多发挥人大代表参与起草和修改法律作用。完善立法项目征集和论证制度。健全立法机关主导、社会各方有序参与立法的途径和方式。探索委托第三方起草法律法规草案。

健全立法机关和社会公众沟通机制，开展立法协商，充分发挥政协委员、民主党派、工商联、无党派人士、人民团体、社会组织在立法协商中的作用，探索建立有关国家机关、社会团体、专家学者等对立法中涉及的重大利益调整论证咨询机制。拓宽公民有序参与立法途径，健全法律法规规章草案公开征求意见和公众意见采纳情况反馈机制，广泛凝聚社会共识。

完善法律草案表决程序，对重要条款可以单独表决。

（四）加强重点领域立法。依法保障公民权利，加快完善体现权利公平、机会公平、规则公平的法律制度，保障公民人身权、财产权、基本政治权利等各项权利不受侵犯，保障公民经济、文化、社会等各方面权利得到落实，实现公民权利保障法治化。增强全社会尊重和保障人权意识，健全公民权利救济渠道和方式。

社会主义市场经济本质上是法治经济。使市场在资源配置中起决定性作用和更好发挥政府作用，必须以保护产权、维护契约、统一市场、平等交换、公平竞争、有效监管为基本导向，完善社会主义市场经济法律制度。健全以公平为核心原则的产权保护制度，加强对各种所有制经济组织和自然人财产权的保护，清理有违公平的法律法规条款。创新适应公有制多种实现形式的产权保护制度，加强对国有、集体资产所有权、经营权和各类企业法人财产权的保护。国家保护企业以法人财产权依法自主经营、自负盈亏，企业有权拒绝任何组织和个人无法律依据的要求。加强企业社会责任立法。完善激励创新的产权制度、知识产权保护制度和促进科技成果转化的体制机制。加强市场法律制度建设，编纂民法典，制定和完善发展规划、投资管理、土地管理、能源和矿产资源、农业、财政税收、金融等方面法律法规，促进商品和要素自由流动、公平交易、平等使用。依法加强和改善宏观调控、市场监管，反对垄断，促进合理竞争，维护公平竞争的市场秩序。加强军民融合深度发展法治保障。

制度化、规范化、程序化是社会主义民主政治的根本保障。以保障人民当家作主为核心，坚持和完善人民代表大会制度，坚持和完善中国共产党领导的多党合作和政治协商制度、民族区域自治制度以及基层群众自治制度，推进社会主义民主政治法治化。加强社会主义协商民主制度建设，推进协商民主广泛多层制度化发展，构建程序合理、环节完整的协商民主体系。完善和发展基层民主制度，依法推进基层民主和行业自律，实行自我管理、自我服务、自我教育、自我监督。完善国家机构组织法，完善选举制度和工作机制。加快推进反腐败国家立法，完善惩治和预防腐败体系，形成不敢腐、不能腐、不想腐的有效机制，坚决遏制和预防腐败现象。完善惩治贪污贿赂犯罪法律制度，把贿赂犯罪对象由财物扩大为财物和其他财产性利益。

建立健全坚持社会主义先进文化前进方向、遵循文化发展规律、有利于激发文化创造活力、保障人民基本文化权益的文化法律制度。制定公共文化服务保障法，促进基本公共文化服务标准化、均等化。制定文化产业促进法，把行之有效的文化经济政策法定化，健全促进社会效益和经济效益有机统一的制度规范。制定国家勋章和国家荣誉称号法，表彰有突出贡献的杰出人士。加强互联网领域立法，完善网络信息服务、网络安全保护、网络社会管理等方面的法律法规，依法规范网络行为。

加快保障和改善民生、推进社会治理体制创新法律制度建设。依法加强和规范公共服务，完善教育、就业、收入分配、社会保障、医疗卫生、食品安全、扶贫、慈善、社会救助和妇女儿童、老年人、残疾人合法权益保护等方面的法律法规。加强社会组织立法，规范和引导各类社会组织健康发展。制定社区矫正法。

贯彻落实总体国家安全观，加快国家安全法治建设，抓紧出台反恐怖等一批急需法律，推进公共安全法治化，构建国家安全法律制度体系。

用严格的法律制度保护生态环境，加快建立有效约束开发行为和促进绿色发展、循环发展、低碳发展的生态文明法律制度，强化生产者环境保护的法律责任，大幅度提高违法成本。建立健全自然资源产权法律制度，完善国土空间开发保护方面的法律制度，制定完善生态补偿和土壤、水、大气污染防治及海洋生态环境保护等法律法规，促进生态文明建设。

实现立法和改革决策相衔接，做到重大改革于法有据、立法主动适应改革和经济社会发展需要。实践证明行之有效的，要及时上升为法律。实践条件还不成熟、需要先行先试的，要按照法定程序作出授权。对不适应改革要求的法律法规，要及时修改和废止。

三、深入推进依法行政，加快建设法治政府

法律的生命力在于实施，法律的权威也在于实施。各级政府必须坚持在党的领导下、在法治轨道上开展工作，创新执法体制，完善执法程序，推进综合执法，严格执法责任，建立权责统一、权威高效的依法行政体制，加快建设职能科学、权责法定、执法严明、公开公正、廉洁高效、守法诚信的法治政府。

（一）依法全面履行政府职能。完善行政组织和行政程序法律制度，推进机构、职能、权限、程序、责任法定化。行政机关要坚持法定职责必须为、法无授权不可为，勇于负责、敢于担当，坚决纠正不作为、乱作为，坚决克服懒政、怠政，坚决惩处失职、渎职。行政机关不得法外设定权力，没有法律法规依据不得作出减损公民、法人和其他组织合法权益或者增加其义务的决定。推行政府权力清单制度，坚决消除权力设租寻租空间。

推进各级政府事权规范化、法律化，完善不同层级政府特别是中央和地方政府事权法律制度，强化中央政府宏观管理、制度设定职责和必要的执法权，强化省级政府统筹推进区域内基本公共服务均等化职责，强化市县政府执行职责。

（二）健全依法决策机制。把公众参与、专家论证、风险评估、合法性审查、集体讨论决定确定为重大行政决策法定程序，

确保决策制度科学、程序正当、过程公开、责任明确。建立行政机关内部重大决策合法性审查机制，未经合法性审查或经审查不合法的，不得提交讨论。

积极推行政府法律顾问制度，建立政府法制机构人员为主体、吸收专家和律师参加的法律顾问队伍，保证法律顾问在制定重大行政决策、推进依法行政中发挥积极作用。

建立重大决策终身责任追究制度及责任倒查机制，对决策严重失误或者依法应该及时作出决策但久拖不决造成重大损失、恶劣影响的，严格追究行政首长、负有责任的其他领导人员和相关责任人员的法律责任。

（三）深化行政执法体制改革。根据不同层级政府的事权和职能，按照减少层次、整合队伍、提高效率的原则，合理配置执法力量。

推进综合执法，大幅减少市县两级政府执法队伍种类，重点在食品药品安全、工商质检、公共卫生、安全生产、文化旅游、资源环境、农林水利、交通运输、城乡建设、海洋渔业等领域内推行综合执法，有条件的领域可以推行跨部门综合执法。

完善市县两级政府行政执法管理，加强统一领导和协调。理顺行政强制执行体制。理顺城管执法体制，加强城市管理综合执法机构建设，提高执法和服务水平。

严格实行行政执法人员持证上岗和资格管理制度，未经执法资格考试合格，不得授予执法资格，不得从事执法活动。严格执行罚缴分离和收支两条线管理制度，严禁收费罚没收入同部门利益直接或者变相挂钩。

健全行政执法和刑事司法衔接机制，完善案件移送标准和程序，建立行政执法机关、公安机关、检察机关、审判机关信息共享、案情通报、案件移送制度，坚决克服有案不移、有案难移、以罚代刑现象，实现行政处罚和刑事处罚无缝对接。

（四）坚持严格规范公正文明执法。依法惩处各类违法行为，加大关系群众切身利益的重点领域执法力度。完善执法程序，建立执法全过程记录制度。明确具体操作流程，重点规范行政许可、行政处罚、行政强制、行政征收、行政收费、行政检查等执法行为。严格执行重大执法决定法制审核制度。

建立健全行政裁量权基准制度，细化、量化行政裁量标准，规范裁量范围、种类、幅度。加强行政执法信息化建设和信息共享，提高执法效率和规范化水平。

全面落实行政执法责任制，严格确定不同部门及机构、岗位执法人员执法责任和责任追究机制，加强执法监督，坚决排除对执法活动的干预，防止和克服地方和部门保护主义，惩治执法腐败现象。

（五）强化对行政权力的制约和监督。加强党内监督、人大监督、民主监督、行政监督、司法监督、审计监督、社会监督、舆论监督制度建设，努力形成科学有效的权力运行制约和监督体系，增强监督合力和实效。

加强对政府内部权力的制约，是强化对行政权力制约的重点。对财政资金分配使用、国有资产监管、政府投资、政府采购、公共资源转让、公共工程建设等权力集中的部门和岗位实行分事行权、分岗设权、分级授权，定期轮岗，强化内部流程控制，防止权力滥用。完善政府内部层级监督和专门监督，改进上级机关对下级机关的监督，建立常态化监督制度。完善纠错问责机制，健全责令公开道歉、停职检查、引咎辞职、责令辞职、罢免等问责方式和程序。

完善审计制度，保障依法独立行使审计监督权。对公共资金、国有资产、国有资源和领导干部履行经济责任情况实行审计全覆盖。强化上级审计机关对下级审计机关的领导。探索省以下地方审计机关人财物统一管理。推进审计职业化建设。

（六）全面推进政务公开。坚持以公开为常态、不公开为例外原则，推进决策公开、执行公开、管理公开、服务公开、结果公开。各级政府及其工作部门依据权力清单，向社会全面公开政府职能、法律依据、实施主体、职责权限、管理流程、监督方式等事项。重点推进财政预算、公共资源配置、重大建设项目批准和实施、社会公益事业建设等领域的政府信息公开。

涉及公民、法人或其他组织权利和义务的规范性文件，按照政府信息公开要求和程序予以公布。推行行政执法公示制度。推进政务公开信息化，加强互联网政务信息数据服务平台和便民服务平台建设。

四、保证公正司法，提高司法公信力

公正是法治的生命线。司法公正对社会公正具有重要引领作用，司法不公对社会公正具有致命破坏作用。必须完善司法管理体制和司法权力运行机制，规范司法行为，加强对司法活动的监督，努力让人民群众在每一个司法案件中感受到公平正义。

（一）完善确保依法独立公正行使审判权和检察权的制度。

各级党政机关和领导干部要支持法院、检察院依法独立公正行使职权。建立领导干部干预司法活动、插手具体案件处理的记录、通报和责任追究制度。任何党政机关和领导干部都不得让司法机关做违反法定职责、有碍司法公正的事情，任何司法机关都不得执行党政机关和领导干部违法干预司法活动的要求。对干预司法机关办案的，给予党纪政纪处分；造成冤假错案或者其他严重后果的，依法追究刑事责任。

健全行政机关依法出庭应诉、支持法院受理行政案件、尊重并执行法院生效裁判的制度。完善惩戒妨碍司法机关依法行使职权、拒不执行生效裁判和决定、藐视法庭权威等违法犯罪行为的法律规定。

建立健全司法人员履行法定职责保护机制。非因法定事由，非经法定程序，不得将法官、检察官调离、辞退或者作出免职、降级等处分。

（二）优化司法职权配置。健全公安机关、检察机关、审判机关、司法行政机关各司其职，侦查权、检察权、审判权、执行权相互配合、相互制约的体制机制。

完善司法体制，推动实行审判权和执行权相分离的体制改革试点。完善刑罚执行制度，统一刑罚执行体制。改革司法机关人财物管理体制，探索实行法院、检察院司法行政事务管理权和审判权、检察权相分离。

最高人民法院设立巡回法庭，审理跨行政区域重大行政和民商事案件。探索设立跨行政区划的人民法院和人民检察院，办理跨地区案件。完善行政诉讼体制机制，合理调整行政诉讼案件管辖制度，切实解决行政诉讼立案难、审理难、执行难等突出问题。

改革法院案件受理制度，变立案审查制为立案登记制，对人民法院依法应该受理的案件，做到有案必立、有诉必理，保障当事人诉权。加大对虚假诉讼、恶意诉讼、无理缠诉行为的惩治力度。完善刑事诉讼中认罪认罚从宽制度。

完善审级制度，一审重在解决事实认定和法律适用，二审重在解决事实法律争议、实现二审终审，再审重在解决依法纠错、维护裁判权威。完善对涉及公民人身、财产权益的行政强制措施实行司法监督制度。检察机关在履行职责中发现行政机关违法行使职权或者不行使职权的行为，应该督促其纠正。探索建立检察机关提起公益诉讼制度。

明确司法机关内部各层级权限，健全内部监督制约机制。司法机关内部人员不得违反规定干预其他人员正在办理的案件，建立司法机关内部人员过问案件的记录制度和责任追究制度。完善主审法官、合议庭、主任检察官、主办侦查员办案责任制，落实谁办案谁负责。

加强职务犯罪线索管理，健全受理、分流、查办、信息反馈制度，明确纪检监察和刑事司法办案标准和程序衔接，依法严格查办职务犯罪案件。

（三）推进严格司法。坚持以事实为根据、以法律为准绳，健全事实认定符合客观真相、办案结果符合实体公正、办案过程符合程序公正的法律制度。加强和规范司法解释和案例指导，统一法律适用标准。

推进以审判为中心的诉讼制度改革，确保侦查、审查起诉的案件事实证据经得起法律的检验。全面贯彻证据裁判规则，严格依法收集、固定、保存、审查、运用证据，完善证人、鉴定人出庭制度，保证庭审在查明事实、认定证据、保护诉权、公正裁判中发挥决定性作用。

明确各类司法人员工作职责、工作流程、工作标准，实行办案质量终身负责制和错案责任倒查问责制，确保案件处理经得起法律和历史检验。

（四）保障人民群众参与司法。坚持人民司法为人民，依靠人民推进公正司法，通过公正司法维护人民权益。在司法调解、司法听证、涉诉信访等司法活动中保障人民群众参与。完善人民陪审员制度，保障公民陪审权利，扩大参审范围，完善随机抽选方式，提高人民陪审制度公信度。逐步实行人民陪审员不再审理法律适用问题，只参与审理事实认定问题。

构建开放、动态、透明、便民的阳光司法机制，推进审判公开、检务公开、警务公开、狱务公开，依法及时公开执法司法依据、程序、流程、结果和生效法律文书，杜绝暗箱操作。加强法律文书释法说理，建立生效法律文书统一上网和公开查询制度。

（五）加强人权司法保障。强化诉讼过程中当事人和其他诉讼参与人的知情权、陈述权、辩护辩论权、申请权、申诉权的制度保障。健全落实罪刑法定、疑罪从无、非法证据排除等法律原则的法律制度。完善对限制人身自由司法措施和侦查手段的司法监督，加强对刑讯逼供和非法取证的源头预防，健全冤假错案有效防范、及时纠正机制。

切实解决执行难，制定强制执行法，规范查封、扣押、冻结、处理涉案财物的司法程序。加快建立失信被执行人信用监督、威慑和惩戒法律制度。依法保障胜诉当事人及时实现权益。

落实终审和诉讼终结制度，实行诉访分离，保障当事人依法行使申诉权利。对不服司法机关生效裁判、决定的申诉，逐步实行由律师代理制度。对聘不起律师的申诉人，纳入法律援助范围。

（六）加强对司法活动的监督。完善检察机关行使监督权的法律制度，加强对刑事诉讼、民事诉讼、行政诉讼的法律监督。完善人民监督员制度，重点监督检察机关查办职务犯罪的立案、羁押、扣押冻结财物、起诉等环节的执法活动。司法机关要及时回应社会关切。规范媒体对案件的报道，防止舆论影响司法公正。

依法规范司法人员与当事人、律师、特殊关系人、中介组织的接触、交往行为。严禁司法人员私下接触当事人及律师、泄露或者为其打探案情、接受吃请或者收受其财物、为律师介绍代理和辩护业务等违法违纪行为，坚决惩治司法掮客行为，防止利益输送。

对因违法违纪被开除公职的司法人员、吊销执业证书的律师和公证员，终身禁止从事法律职业，构成犯罪的要依法追究刑事责任。

坚决破除各种潜规则，绝不允许法外开恩，绝不允许办关系案、人情案、金钱案。坚决反对和克服特权思想、衙门作风、霸道作风，坚决反对和惩治粗暴执法、野蛮执法行为。对司法领域的腐败零容忍，坚决清除害群之马。

五、增强全民法治观念，推进法治社会建设

法律的权威源自人民的内心拥护和真诚信仰。人民权益要靠法律保障，法律权威要靠人民维护。必须弘扬社会主义法治精神，建设社会主义法治文化，增强全社会厉行法治的积极性和主动性，形成守法光荣、违法可耻的社会氛围，使全体人民都成为社会主义法治的忠实崇尚者、自觉遵守者、坚定捍卫者。

（一）推动全社会树立法治意识。坚持把全民普法和守法作为依法治国的长期基础性工作，深入开展法治宣传教育，引导全民自觉守法、遇事找法、解决问题靠法。坚持把领导干部带头学法、模范守法作为树立法治意识的关键，完善国家工作人员学法用法制度，把宪法法律列入党委（党组）中心组学习内容，列为党校、行政学院、干部学院、社会主义学院必修课。把法治教育纳入国民教育体系，从青少年抓起，在中小学设立法治知识课程。

健全普法宣传教育机制，各级党委和政府要加强对普法工作的领导，宣传、文化、教育部门和人民团体要在普法教育中发挥职能作用。实行国家机关"谁执法谁普法"的普法责任制，建立法官、检察官、行政执法人员、律师等以案释法制度，加强普法讲师团、普法志愿者队伍建设。把法治教育纳入精神文明创建内容，开展群众性法治文化活动，健全媒体公益普法制度，加强新媒体新技术在普法中的运用，提高普法实效。

牢固树立有权力就有责任、有权利就有义务观念。加强社会诚信建设，健全公民和组织守法信用记录，完善守法诚信褒奖机制和违法失信行为惩戒机制，使尊法守法成为全体人民共同追求和自觉行动。

加强公民道德建设，弘扬中华优秀传统文化，增强法治的道德底蕴，强化规则意识，倡导契约精神，弘扬公序良俗。发挥法治在解决道德领域突出问题中的作用，引导人们自觉履行法定义务、社会责任、家庭责任。

（二）推进多层次多领域依法治理。坚持系统治理、依法治理、综合治理、源头治理，提高社会治理法治化水平。深入开展多层次多形式法治创建活动，深化基层组织和部门、行业依法治理，支持各类社会主体自我约束、自我管理。发挥市民公约、乡规民约、行业规章、团体章程等社会规范在社会治理中的积极作用。

发挥人民团体和社会组织在法治社会建设中的积极作用。建立健全社会组织参与社会事务、维护公共利益、救助困难群众、帮教特殊人群、预防违法犯罪的机制和制度化渠道。支持行业协会商会类社会组织发挥行业自律和专业服务功能。发挥社会组织对其成员的行为导引、规则约束、权益维护作用。加强在华境外非政府组织管理，引导和监督其依法开展活动。

高举民族大团结旗帜，依法妥善处置涉及民族、宗教等因素的社会问题，促进民族关系、宗教关系和谐。

（三）建设完备的法律服务体系。推进覆盖城乡居民的公共法律服务体系建设，加强民生领域法律服务。完善法律援助制度，扩大援助范围，健全司法救助体系，保证人民群众在遇到法律问题或者权利受到侵害时获得及时有效法律帮助。

发展律师、公证等法律服务业，统筹城乡、区域法律服务资源，发展涉外法律服务业。健全统一司法鉴定管理体制。

（四）健全依法维权和化解纠纷机制。强化法律在维护群众权益、化解社会矛盾中的权威地位，引导和支持人们理性表达诉求、依法维护权益，解决好群众最关心最直接最现实的利益问题。

构建对维护群众利益具有重大作用的制度体系，建立健全社会矛盾预警机制、利益表达机制、协商沟通机制、救济救助机制，畅通群众利益协调、权益保障法律渠道。把信访纳入法治化轨道，保障合理合法诉求依照法律规定和程序就能得到合理合法的结果。

健全社会矛盾纠纷预防化解机制，完善调解、仲裁、行政裁决、行政复议、诉讼等有机衔接、相互协调的多元化纠纷解决机制。加强行业性、专业性人民调解组织建设，完善人民调解、行政调解、司法调解联动工作体系。完善仲裁制度，提高仲裁公信力。健全行政裁决制度，强化行政机关解决同行政管理活动密切相关的民事纠纷功能。

深入推进社会治安综合治理，健全落实领导责任制。完善立体化社会治安防控体系，有效防范化解管控影响社会安定的问题，保障人民生命财产安全。依法严厉打击暴力恐怖、涉黑犯罪、邪教和黄赌毒等违法犯罪活动，绝不允许其形成气候。依法强化危害食品药品安全、影响安全生产、损害生态环境、破坏网络安全等重点问题治理。

六、加强法治工作队伍建设

全面推进依法治国，必须大力提高法治工作队伍思想政治素质、业务工作能力、职业道德水准，着力建设一支忠于党、忠于国家、忠于人民、忠于法律的社会主义法治工作队伍，为加快建设社会主义法治国家提供强有力的组织和人才保障。

（一）建设高素质法治专门队伍。把思想政治建设摆在首位，加强理想信念教育，深入开展社会主义核心价值观和社会主义法治理念教育，坚持党的事业、人民利益、宪法法律至上，加强立法队伍、行政执法队伍、司法队伍建设。抓住立法、执法、司法机关各级领导班子建设这个关键，突出政治标准，把善于运用法治思维和法治方式推动工作的人选拔到领导岗位上来。畅通立法、执法、司法部门干部和人才相互之间以及与其他部门具备条件的干部和人才交流渠道。

推进法治专门队伍正规化、专业化、职业化，提高职业素养和专业水平。完善法律职业准入制度，健全国家统一法律职业资格考试制度，建立法律职业人员统一职前培训制度。建立从符合条件的律师、法学专家中招录立法工作者、法官、检察官制度，畅通具备条件的军队转业干部进入法治专门队伍的通道，健全从政法专业毕业生中招录人才的规范便捷机制。加强边疆地区、民族地区法治专门队伍建设。加快建立符合职业特点的法治工作人员管理制度，完善职业保障体系，建立法官、检察官、人民警察专业职务序列及工资制度。

建立法官、检察官逐级遴选制度。初任法官、检察官由高级人民法院、省级人民检察院统一招录，一律在基层法院、检察院任职。上级人民法院、人民检察院的法官、检察官一般从下一级人民法院、人民检察院的优秀法官、检察官中遴选。

（二）加强法律服务队伍建设。加强律师队伍思想政治建设，把拥护中国共产党领导、拥护社会主义法治作为律师从业的基本要求，增强广大律师走中国特色社会主义法治道路的自觉性和坚定性。构建社会律师、公职律师、公司律师等优势互补、结构合理的律师队伍。提高律师队伍业务素质，完善执业保障机制。加强律师事务所管理，发挥律师协会自律作用，规范律师执业行为，监督律师严格遵守职业道德和职业操守，强化准入、退出管理，严格执行违法违规执业惩戒制度。加强律师行业党的建设，扩大党的工作覆盖面，切实发挥律师事务所党组织的政治核心作用。

各级党政机关和人民团体普遍设立公职律师，企业可设立公司律师，参与决策论证，提供法律意见，促进依法办事，防范法律风险。明确公职律师、公司律师法律地位及权利义务，理顺公职律师、公司律师管理体制机制。

发展公证员、基层法律服务工作者、人民调解员队伍。推动法律服务志愿者队伍建设。建立激励法律服务人才跨区域流动机制，逐步解决基层和欠发达地区法律服务资源不足和高端人才匮乏问题。

（三）创新法治人才培养机制。坚持用马克思主义法学思想和中国特色社会主义法治理论全方位占领高校、科研机构法学教育和法学研究阵地，加强法学基础理论研究，形成完善的中国特色社会主义法学理论体系、学科体系、课程体系，组织编写和全面采用国家统一的法律类专业核心教材，纳入司法考试必考范围。坚持立德树人、德育为先导向，推动中国特色社会主义法治理论进教材进课堂进头脑，培养造就熟悉和坚持中国特色社会主义法治体系的法治人才及后备力量。建设通晓国际法律规则、善于处理涉外法律事务的涉外法治人才队伍。

健全政法部门和法学院校、法学研究机构人员双向交流机制，实施高校和法治工作部门人员互聘计划，重点打造一支政治立场坚定、理论功底深厚、熟悉中国国情的高水平法学家和专家团队，建设高素质学术带头人、骨干教师、专兼职教师队伍。

七、加强和改进党对全面推进依法治国的领导

党的领导是全面推进依法治国、加快建设社会主义法治国家最根本的保证。必须加强和改进党对法治工作的领导，把党的领导贯彻到全面推进依法治国全过程。

（一）坚持依法执政。依法执政是依法治国的关键。各级党组织和领导干部要深刻认识到，维护宪法法律权威就是维护党和人民共同意志的权威，捍卫宪法法律尊严就是捍卫党和人民共同意志的尊严，保证宪法法律实施就是保证党和人民共同意志的实现。各级领导干部要对法律怀有敬畏之心，牢记法律红线不可逾越、法律底线不可触碰，带头遵守法律，带头依法办事，不得违法行使权力，更不能以言代法、以权压法、徇私枉法。

健全党领导依法治国的制度和工作机制，完善保证党确定依法治国方针政策和决策部署的工作机制和程序。加强对全面推进依法治国统一领导、统一部署、统筹协调。完善党委依法决策机制，发挥政策和法律的各自优势，促进党的政策和国家法律互联互动。党委要定期听取政法机关工作汇报，做促进公正司法、维护法律权威的表率。党政主要负责人要履行推进法治建设第一责任人职责。各级党委要领导和支持工会、共青团、妇联等人民团体和社会组织在依法治国中积极发挥作用。

人大、政府、政协、审判机关、检察机关的党组织和党员干部要坚决贯彻党的理论和路线方针政策，贯彻党委决策部署。各级人大、政府、政协、审判机关、检察机关的党组织要领导和监督本单位模范遵守宪法法律，坚决查处执法犯法、违法用权等行为。

政法委员会是党委领导政法工作的组织形式，必须长期坚持。各级党委政法委员会要把工作着力点放在把握政治方向、协调各方职能、统筹政法工作、建设政法队伍、督促依法履职、创造公正司法环境上，带头依法办事，保障宪法法律正确统一实施。政法机关党组织要建立健全重大事项向党委报告制度。加强政法机关党的建设，在法治建设中充分发挥党组织政治保障作用和党员先锋模范作用。

（二）加强党内法规制度建设。党内法规既是管党治党的重要依据，也是建设社会主义法治国家的有力保障。党章是最根本的党内法规，全党必须一体严格遵行。完善党内法规制定体制机制，加大党内法规备案审查和解释力度，形成配套完备的党内法规制度体系。注重党内法规同国家法律的衔接和协调，提高党内法规执行力，运用党内法规把党要管党、从严治党落到实处，促进党员、干部带头遵守国家法律法规。

党的纪律是党内规矩。党规党纪严于国家法律，党的各级组织和广大党员干部不仅要模范遵守国家法律，而且要按照党规党纪以更高标准严格要求自己，坚定理想信念，践行党的宗旨，坚决同违法乱纪行为作斗争。对违反党规党纪的行为必须严肃处理，对苗头性倾向性问题必须抓早抓小，防止小错酿成大错、违纪走向违法。

依纪依法反对和克服形式主义、官僚主义、享乐主义和奢靡之风，形成严密的长效机制。完善和严格执行领导干部政治、工作、生活待遇方面各项制度规定，着力整治各种特权行为。深入开展党风廉政建设和反腐败斗争，严格落实党风廉政建设党委主体责任和纪委监督责任，对任何腐败行为和腐败分子，必须依纪依法予以坚决惩处，决不手软。

（三）提高党员干部法治思维和依法办事能力。党员干部是全面推进依法治国的重要组织者、推动者、实践者，要自觉提高运用法治思维和法治方式深化改革、推动发展、化解矛盾、维护稳定能力，高级干部尤其要以身作则、以上率下。把法治建设成效作为衡量各级领导班子和领导干部工作实绩重要内容，纳入政绩考核指标体系。把能不能遵守法律、依法办事作为考察干部重要内容，在相同条件下，优先提拔使用法治素养好、依法办事能力强的干部。对特权思想严重、法治观念淡薄的干部要批评教育，不改正的要调离领导岗位。

（四）推进基层治理法治化。全面推进依法治国，基础在基层，工作重点在基层。发挥基层党组织在全面推进依法治国中的战斗堡垒作用，增强基层干部法治观念、法治为民的意识，提高依法办事能力。加强基层法治机构建设，强化基层法治队伍，建立重心下移、力量下沉的法治工作机制，改善基层基础设施和装备条件，推进法治干部下基层活动。

（五）深入推进依法治军从严治军。党对军队绝对领导是依法治军的核心和根本要求。紧紧围绕党在新形势下的强军目标，着眼全面加强军队革命化现代化正规化建设，创新发展依法治军理论和实践，构建完善的中国特色军事法治体系，提高国防和军队建设法治化水平。

坚持在法治轨道上积极稳妥推进国防和军队改革，深化军队领导指挥体制、力量结构、政策制度等方面改革，加快完善和发展中国特色社会主义军事制度。

健全适应现代军队建设和作战要求的军事法规制度体系，严格规范军事法规制度的制定权限和程序，将所有军事规范性文件纳入审查范围，完善审查制度，增强军事法规制度科学性、针对性、适用性。

坚持从严治军铁律，加大军事法规执行力度，明确执法责任，完善执法制度，健全执法监督机制，严格责任追究，推动依法治军落到实处。

健全军事法制工作体制，建立完善领导机关法制工作机构。改革军事司法体制机制，完善统一领导的军事审判、检察制度，维护国防利益，保障军人合法权益，防范打击违法犯罪。建立军事法律顾问制度，在各级领导机关设立军事法律顾问，完善重大决策和军事行动法律咨询保障制度。改革军队纪检监察体制。

强化官兵法治理念和法治素养，把法律知识学习纳入军队院校教育体系、干部理论学习和部队教育训练体系，列为军队院校学员必修课和部队官兵必学必训内容。完善军事法律人才培养机制。加强军事法治理论研究。

（六）依法保障"一国两制"实践和推进祖国统一。坚持宪法的最高法律地位和最高法律效力，全面准确贯彻"一国两制""港人治港""澳人治澳"高度自治的方针，严格依照宪法和基本法办事，完善与基本法实施相关的制度和机制，依法行使中央权力，依法保障高度自治，支持特别行政区行政长官和政府依法施政，保障内地与香港、澳门经贸关系发展和各领域交流合作，防范和反对外部势力干预港澳事务，保持香港、澳门长期繁荣稳定。

运用法治方式巩固和深化两岸关系和平发展，完善涉台法律法规，依法规范和保障两岸人民关系、推进两岸交流合作。运用法律手段捍卫一个中国原则、反对"台独"，增进维护一个中国框架的共同认知，推进祖国和平统一。

依法保护港澳同胞、台湾同胞权益。加强内地同香港和澳门、大陆同台湾的执法司法协作，共同打击跨境违法犯罪活动。

（七）加强涉外法律工作。适应对外开放不断深化，完善涉外法律法规体系，促进构建开放型经济新体制。积极参与国际规则制定，推动依法处理涉外经济、社会事务，增强我国在国际法律事务中的话语权和影响力，运用法律手段维护我国主权、安全、发展利益。强化涉外法律服务，维护我国公民、法人在海外及外国公民、法人在我国的正当权益，依法维护海外侨胞权益。深化司法领域国际合作，完善我国司法协助体制，扩大国际司法协助覆盖面。加强反腐败国际合作，加大海外追赃追逃、遣返引渡力度。积极参与执法安全国际合作，共同打击暴力恐怖势力、民族分裂势力、宗教极端势力和贩毒走私、跨国有组织犯罪。

各级党委要全面准确贯彻本决定精神，健全党委统一领导和各方分工负责、齐抓共管的责任落实机制，制定实施方案，确保各项部署落到实处。

全党同志和全国各族人民要紧密团结在以习近平同志为总书记的党中央周围，高举中国特色社会主义伟大旗帜，积极投身全面推进依法治国伟大实践，开拓进取，扎实工作，为建设法治中国而奋斗！

（《人民日报》2014 年 10 月 29 日第 1 版）

宪法小常识

宪法概念的最早形成：来自英文 constitution，而英文又源于拉丁文 constitutio。古罗马时期用来表示皇帝的各种建制和皇帝所颁布的诏令、谕旨之类文件，以区别于市民会议通过的法律文件。中世纪英国建立的代议制度后来为欧美各国广泛采用时，人们把规定代议制度的法律称为 constitution，即宪法——确认立宪政体的法律。在我国，19 世纪 80 年代郑观应在其《盛世危言》中首次使用"宪法"一词。1908 年清政府颁布《钦定宪法大纲》，此后"宪法"成为特定法律用语。

最早的资产阶级宪法：出现在 17 世纪中期首先爆发资产阶级革命的英国，体现为不成文宪法，主要有 1628 年《权利请愿书》、1679 年《人身保护律》、1689 年《权利法案》、1701 年《王位继承法》等。

最早的资产阶级成文宪法：1787 年《美国宪法》、1791 年《法国宪法》。

最早的社会主义宪法：1918 年《俄罗斯社会主义联邦苏维埃共和国宪法》。

历史最悠久的宪法：1787 年，《美国宪法》仍有效，只制定了 27 个修正案。

司法独立原则在宪法上的最早确立：英国 1689 年《权利法案》、1701 年《王位继承法》明确规定行政机关不得干涉司法活动。1787 年《美国宪法》规定："合众国的司法权属于最高法院以及由国会随时下令设立的低级法院。"

民主集中制原则在宪法上的最早确认：1903 年列宁指导下的俄国社会民主工党党章中首先确立，1936 年《苏联宪法》最早从宪法上确认这一原则，作为建设各级国家权力机关的基础。

法律面前人人平等原则在宪法上的最早确立：1789 年法国《人权宣言》第六条规定："法律对于所有的人，无论是施行保护或处罚都是一样的。在法律面前，所有的公民都是平等的。"

无产阶级的第一个选举制度：1871 年巴黎公社实行了第一个无产阶级选举制度，1918 年《苏俄宪法》是历史上规定绝大多数人享有选举权的第一个法律。

最早的制宪会议：为制定或修改宪法而专门召开的会议，最早系 1787 年美国 13 个州在费城为修改《邦联条例》而召集的。

违宪审查制度的最早创立：违宪审查制度指国家通过司法机

关和司法程序审查、裁决法律、法令是否违宪的一种基本制度。此制首创于 1803 年美国联邦最高法院审理马伯里诉麦迪逊案。

宪法法院的最早设立：最早提出设立宪法保护机关的是美籍奥地利法学家、规范主义法学派创始人凯尔森。奥地利率先于 1920 年设立宪法法院。

社会主义宪法监督制度的最早建立：1918 年《苏俄宪法》第三十二条规定："全俄苏维埃中央执行委员会负责监督苏维埃宪法的实施情况。"

最早设立宪法法院的社会主义国家：前南斯拉夫 1963 年始设立，形成 1 个联邦、6 个共和国、2 个自治省宪法法院。

最早提出人权口号的宪法："人权"口号是资产阶级革命初期为反对封建专制而提出的，最早见于 1628 年英国《权利请愿书》，之后 1679 年《人身保护律》、1689 年《权利法案》予以具体保障。

第一个人权宣言：1776 年美国《独立宣言》被马克思、恩格斯称为"第一个人权宣言"，表述了天赋人权、主权在民、民族独立等内容。1789 年法国《人权宣言》列为 1791 年《法国宪法》序言。

最早确定公民工作权的宪法：1919 年《魏玛宪法》第一百六十三条规定："德国人民应有可能之机会，从事经济劳动，以维持生计。无相当劳动机会时，其必需生活应筹划及之。"

最早规定保护青少年的宪法：1919 年《魏玛宪法》第一百二十二条："应保护青年，使勿受利用及防道德上、精神上及体力上之荒废。"

条文最多与最少的宪法：最多为 1974 年前南斯拉夫宪法，406 条；最少为 1978 年毛里塔尼亚宪法，16 条。

规定国家元首任期最长与最短的宪法：最长为法国宪法，7年；最短为圣马力诺宪法，规定国家元首由两个权力同等的执政官共同担任，任期只有半年，每年 4、10 月各改选一次。

中国第一部资产阶级宪法文献：辛亥革命后 1912 年孙中山主持制定的《中华民国临时约法》，肯定了主权在民、三权分立等原则。

旧中国最后一部宪法：1946 年通过、1947 年元旦公布的《中华民国宪法》。

中国第一部代表人民利益的宪法性文件：1931 年《中华苏维埃宪法大纲》，1949 年《中国人民政治协商会议共同纲领》。

　　新中国第一部宪法：1954 年 9 月 20 日第一届全国人大第一次会议通过的《中华人民共和国宪法》。4 章 106 条，以根本大法的形式总结历史经验，巩固革命成果，确定人民民主和社会主义原则，规定国家权力、公民权利义务，反映全体人民的愿望和利益。

　　国家宪法日：2014 年 10 月 23 日中国共产党第十八届中央委员会第四次全体会议通过《中共中央关于全面推进依法治国若干重大问题的决定》，将每年 12 月 4 日定为国家宪法日。